实用电子商务

SHIYONG DIANZI SHANGWU

主编 王宝进　副主编 薛娟

江苏大学出版社
JIANGSU UNIVERSITY PRESS

镇 江

图书在版编目(CIP)数据

实用电子商务/王宝进主编. —镇江：江苏大学
出版社,2015.8
ISBN 978-7-81130-957-7

Ⅰ.①实… Ⅱ.①王… Ⅲ.①电子商务 Ⅳ.
①F713.36

中国版本图书馆 CIP 数据核字(2015)第 188270 号

实用电子商务

主　　编/	王宝进
副 主 编/	薛　娟
责任编辑/	吴昌兴　郑晨晖
出版发行/	江苏大学出版社
地　　址/	江苏省镇江市梦溪园巷 30 号(邮编：212003)
电　　话/	0511-84446464(传真)
网　　址/	http://press.ujs.edu.cn
排　　版/	镇江华翔票证印务有限公司
印　　刷/	虎彩印艺股份有限公司
经　　销/	江苏省新华书店
开　　本/	787 mm×1 092 mm　1/16
印　　张/	14.5
字　　数/	344 千字
版　　次/	2015 年 8 月第 1 版　2015 年 8 月第 1 次印刷
书　　号/	ISBN 978-7-81130-957-7
定　　价/	32.00 元

如有印装质量问题请与本社营销部联系(电话:0511-84440882)

前　言

随着经济社会和信息技术的迅速发展,互联网已成为人们从事生产经营、事务处理等工作的重要工具和媒介,电子商务迎来良好的发展机遇。作为新型的商业模式,电子商务正在由网络的虚拟经济融入实体经济,逐渐改变着人们生活的方方面面。

本书遵循职业教育人才培养目标,注重反映职业教育实用化的特点,通过项目引领、任务驱动的方法,从基础知识和技能训练入手,理论以够用为度,实用性较强,重视学生自主探究式学习,培养学生的自学能力和处理解决问题的能力。全书共 6 个项目,内容包括体验及认识电子商务、网络信息检索与应用、电子支付与安全交易、网上开店、电子商务物流管理、电子商务法律与法规。所有项目均从任务提出、相关知识、任务实施、拓展练习、任务小结、任务考核等环节展开。

本书语言通俗易懂,内容由浅入深,具有系统性、新颖性和实用性的特点,特别贴合职业院校学生的学习习惯,既可作为中职院校电子商务、商贸管理等相关专业教材,也可供电商创业人员自学和参考。

全书共分为 6 个项目 20 个任务,由江苏省交通技师学院王宝进任主编、主审,薛娟任副主编。江苏省交通技师学院徐婷、杨坚、施莹等参加了部分任务的编写及资料整理。本书在编写过程中得到了常州技师学院、扬州技师学院等多所兄弟院校有关专家的大力支持,本书参阅、引用了一些文献资料和研究应用成果,在此对有关作者一并表示感谢。

由于编者水平有限,书中难免有错误和疏漏之处,恳请广大读者给予批评和指正。

编　者

2015 年 4 月

Contents

目　录

项目一　体验及认识电子商务

任务一　体验网上自助游 …………………………………………… 2
任务二　体验网上教育 ……………………………………………… 11
任务三　体验网上求职 ……………………………………………… 20
任务四　认识电子商务 ……………………………………………… 30

项目二　网络信息检索与应用

任务一　常用搜索引擎工具的使用方法与技巧 …………………… 38
任务二　网络商务信息的检索 ……………………………………… 45
任务三　评估和存储网络商务信息 ………………………………… 51

项目三　电子支付与安全交易

任务一　个人网上银行账户申请 …………………………………… 58
任务二　数字证书的申请与使用 …………………………………… 67
任务三　电子支付及使用方法 ……………………………………… 87

项目四　网上开店

任务一　搭建网店 …………………………………………………… 98
任务二　网店采购 …………………………………………………… 112
任务三　网店装修 …………………………………………………… 119
任务四　网店推广 …………………………………………………… 163

项目五　电子商务物流管理

任务一　物流与配送 ……………………………………………………………… 172
任务二　现代物流模式 …………………………………………………………… 181
任务三　电子商务与供应链管理 ……………………………………………… 189

项目六　电子商务法律与法规

任务一　了解《中华人民共和国电子签名法》 …………………………… 200
任务二　网络游戏中的法律问题 ……………………………………………… 205
任务三　电子商务中消费者权益保护问题 ……………………………… 210

参考文献 …………………………………………………………………………………… 215

附录　电子商务相关法律法规 ………………………………………………… 216

项目一

体验及认识电子商务

本项目通过体验网上自助游、体验网上教育、体验网上求职等相关的几个任务,讲解了与人们日常生活息息相关的电子商务活动,介绍了电子商务的发展及应用领域。

● **知识目标:**了解电子商务活动的定义;
　　　　　　掌握网上交易流程;
　　　　　　熟悉 B2B、B2C、C2C 网站。
● **技能目标:**准确、快速地购买所需物品和获取想要的信息。
● **素养目标:**了解电子商务的应用领域,能够适应未来电商的生活模式。

任务一　体验网上自助游

 学习目的

（1）能使用搜索引擎查找旅行景点攻略，制订自助游计划；

（2）能在网上购买旅行所需的物品及装备；

（3）能在网上预订车票、机票、景点门票及住宿酒店。

任务提出

假期快到了，小明的爸爸准备利用三天时间带小明去攀登黄山。请利用网络帮小明的爸爸制订三天的自助游计划，为小明购买一双登山鞋，给小明的爸爸购买一根登山杖，购买两张从镇江到黄山的往返火车票。

相关知识

人们可利用搜索引擎、BBS论坛、旅游网站找旅行景点攻略，制订自助游计划，通过购物网站购买旅行所需物品及装备。

1. 搜索引擎（Search Engine）

搜索引擎是一个对互联网信息资源进行搜索、整理和分类，并储存在网络数据库中供用户查询的系统，包括信息搜集、信息分类、用户查询三部分。知名的国内搜索引擎有：

① 百度搜索（www. baidu. com）。全球最大的中文搜索引擎、最大的中文网站。2000年1月创立于北京中关村。

② 搜狗搜索（www. sogou. com）。搜狗搜索是搜狐公司于2004年8月3日推出的全球首个第三代互动式中文搜索引擎，致力于中文互联网信息的深度挖掘，帮助中国上亿网民加快信息获取速度，为用户创造价值。

③ 一淘网（www. etao. com）。一淘商品搜索是淘宝网推出的一个全新的服务体验。网站主旨是解决用户购前和购后遇到的种种问题，能够为用户提供购买决策，更快地找到物美价廉的商品。

④ 有道（www. youdao. com）。网易旗下搜索引擎，主要提供网页、图片、热闻、视频、音乐、博客等传统搜索服务，同时推出海量词典、阅读、购物搜索等创新型产品。

2. BBS论坛（Bulletin Board System）

BBS论坛是Internet上的一种电子信息服务系统。翻译为中文就是"电子公告板"。

它提供一块公共电子白板,每个用户都可以在上面书写,可发布信息或提出看法。它是一种交互性强、内容丰富而及时的 Internet 电子信息服务系统。

论坛一般分为综合论坛和专业论坛。知名的综合论坛有:

① 百度贴吧(tieba. baidu. com)。它是百度旗下的独立品牌,全球最大的中文社区。2003 年 12 月 3 日上线,结合搜索引擎建立一个在线的交流平台,让对同一个话题感兴趣的人们聚集在一起,方便地展开交流和互相帮助。

② 天涯社区(www. tianya. cn)。它于 1999 年 3 月创立,以开放、包容、充满人文关怀的特色受到了全球华人网民的推崇,成为以论坛、博客、微博为基础交流方式,综合提供个人空间、企业空间、购物街、无线客户端、分类信息、来吧、问答等一系列功能服务,并以人文情感为特色的综合性虚拟社区和大型网络社交平台。

③ 猫扑(www. mop. com)。中国互联网流行文化发源地,以猫扑大杂烩、猫扑贴贴等互动产品为核心。猫扑网独特的文化气质吸引了大量锐意创新、乐观向上、具有时代代表性和生活主张的用户群体。

④ 凯迪网络(www. kdnet. net)。凯迪,"Cat"的音译名,取"像猫一样敏锐的审视"之意。南方报业传媒集团旗下的凯迪网络始建于 2000 年,目前凯迪网络已发展成为中国最具影响力、传播力、最大密度的"意见领袖"社区之一。

⑤ 西祠胡同(www. xici. net)。它始建于 1998 年,是华语地区第一个大型综合社区网站,经多年积累和发展,西祠已成为最重要的华人社区门户网站。

知名专业论坛有色影无忌、建筑论坛、中国会计社区、铁血社区、搜房业主论坛、阿里巴巴商人论坛、时尚论坛、中关村在线论坛、家电论坛、电脑报论坛、丫丫家庭社区、东方财富网论坛、中国驴友论坛等。

3. 旅游网站

旅游网站是旅游组织向公众展示旅游信息的平台,为广大旅游者提供旅游相关的信息资讯、产品等信息。国内旅游业务的网站,大体可以分为 4 类:一是地方性质旅游网,如四川旅游网、北京旅游网,这种旅游网接待来自全国各地的旅游者。二是组团性质旅游网,如上海旅游网、自游网,其主要业务是组团去全国各地(出国)旅游,也做地接。三是非营利性旅游网,如自助旅游网,是出于爱好而搜集一些关于旅游方面的资料成立的网站。四是电子商务型旅游网。

知名的旅游网有:

① 携程旅行网(www. ctrip. com)。携程旅行网创立于 1999 年,总部设在上海,是中国领先的在线旅行服务公司,提供集酒店预订、机票预订、度假预订、商旅管理、特惠商户及旅游资讯于一体的全方位旅行服务。

② 去哪儿网(www. qunar. com)。它是目前全球最大的中文在线旅行网站,网站上线于 2005 年 5 月,总部位于北京,为旅游者提供国内外机票、酒店、度假和签证服务的深度搜索,为用户提供及时的旅游产品价格查询和信息比较服务。同时,它开辟了专业的旅游类产品团购频道,打造最实惠的旅游类产品团购直销平台。

③ 驴妈妈旅游网(www. lvmama. com)。驴妈妈旅游网创立于 2008 年,是中国领先

的新型 B2C 旅游电子商务网站,中国最大的自助游产品预订及资讯服务平台。经过数年的发展,形成了以打折门票、自由行、特色酒店为核心,同时兼顾跟团游的巴士自由行、长线游、出境游等网络旅游业务,为游客出行提供一站式服务便利。

④ 蚂蜂窝(www. mafengwo. cn)。蚂蜂窝旅游网是中国领先的旅游社交网站及自由行平台。它以"自由行"为核心,提供全球 6000 个旅游目的地的旅游攻略、旅游问答、旅游点评等资讯,以及酒店、交通、当地旅游等自由行产品和服务。

⑤ 酷讯旅游(www. kuxun. cn)。它是中国领先的旅游搜索引擎网站,提供低价可靠的国内、国际机票查询、全国 8 万家酒店预订查询、酒店评论,以及列车时刻表与火车票转让、旅游指南信息,为客户提供最佳的旅游线路。

4. 购物网站

购物网站是提供网络购物的站点,用户足不出户即可购买到喜欢的商品。目前,国内比较知名的专业购物网站有淘宝网、天猫网、亚马逊中国网、当当网等。此外,还有物美价廉、经济实惠的团购网站,互不认识的消费者,借助互联网的"网聚人的力量"聚集资金,可加大与商家的谈判能力,以求得最优的价格。知名的团购网站有美团网、糯米网、拉手网、团 800 等。

① 淘宝网(www. taobao. com)。它是亚洲最大、最安全的网上交易平台,提供各类服饰、美容、家居、数码、话费/点卡充值等服务,拥有 8 亿优质特价商品,同时提供担保交易(先收货后付款)、先行赔付、假一赔三、七天无理由退换货、数码免费维修等安全交易保障服务。

② 天猫(www. tmall. com)。淘宝网打造的在线 B2C 购物平台。众多品牌包括 Kappa、levis、esprit、JackJones、乐扣乐扣、苏泊尔、联想、惠普、迪士尼、优衣库等在天猫开设官方旗舰店。目前,天猫已经拥有 4 亿多买家、40000 多家商户、70000 多个品牌。

③ 亚马逊中国(www. amazon. cn)。它原名为卓越亚马逊,是一家 B2C 电子商务网站,前身为卓越网。2004 年 8 月 19 日亚马逊公司宣布以 7500 万美元收购雷军和陈年创办的卓越网,将卓越网收归为亚马逊中国全资子公司。2011 年 10 月 27 日亚马逊正式宣布将其在中国的子公司"卓越亚马逊"改名为"亚马逊中国"。

④ 当当网(www. dangdang. com)。它是全球领先的综合性网上购物中心,超过 100 万种商品在线热销,包括图书、音像、母婴、美妆、家居、数码 3C、服装、鞋包等几十类正品行货。

⑤ 国美在线(www. gome. com. cn)。它是中国领先的专业家电网购平台,拥有全球品牌电视、洗衣机、电脑、手机、数码、空调、电脑配件、生活电器、网络产品等正品行货。

⑥ 美团网(www. meituan. com)。它为消费者发现最值得信赖的商家,让消费者享受超低折扣的优质服务。

⑦ 糯米网(www. nuomi. com)。它是千橡互动集团旗下的社交化电子商务网站,创立于 2010 年,糯米网旨在通过为用户每日推荐一款物超所值的本地优质生活服务,从而成为一个城市的精品生活指南。

⑧ 拉手网(www. lashou. com)。2010 年 3 月 18 日,拉手网在北京正式上线,是全球首家团购与位置服务相结合的社会化网站。

⑨ 团 800(www. tuan800. com)。它是国内目前最大的独立团购导航网站,自 2010 年

6 月初推出迅速得到全国团购网民的喜爱。

　　⑩ 聚美优品(www. jumei. com)。它是国内第一家,也是最大的化妆品限时特卖商城。

任务实施

一、准备工作

(1)拥有一张具备网上转账支付功能的银行卡或支付宝账户等。

(2)一台可上网的电脑或移动终端设备(手机、iPad 等)。

二、实施步骤

① 利用搜索引擎、BBS 论坛、旅游网站等,查找黄山旅游攻略,制订三日游计划。

第 1 步:在浏览器地址栏输入携程网地址(www. ctrip. com),打开网站,如图 1-1 所示。

图 1-1　携程网显示页面

第 2 步:在搜索栏里输入关键词"黄山游攻略",搜索结果如图 1-2 所示。

图 1-2　"黄山游攻略"搜索显示页面

第3步：登录其他网站并搜索"黄山游攻略"。其他网站有：＿＿＿＿＿＿＿＿＿＿

＿＿＿

＿＿＿

第4步：认真学习有关黄山景点及攻略游记的知识，制订黄山三日游计划。

＿＿＿

＿＿＿

② 购买登山运动鞋和登山拐杖。

第1步：在浏览器地址栏输入淘宝网地址（www.taobao.com），打开网站，如图 1-3 所示。

图 1-3 淘宝网显示页面

第2步：如尚未在淘宝网注册，需先注册为会员，账户注册页面如图 1-4 所示。

图 1-4 淘宝网账户注册页面

注册用户名为：＿＿＿＿＿＿＿＿＿＿＿＿＿＿＿＿＿＿＿＿＿＿＿＿＿＿＿＿＿＿＿＿＿＿

＿＿＿

第 3 步：登录淘宝网，在搜索栏内输入想购买的商品名称（登山鞋、登山拐杖），查找并选定商品，如图 1-5 所示。

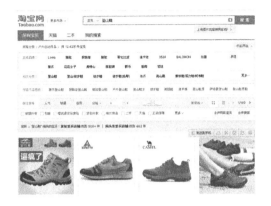

图 1-5　查找并选定商品

第 4 步：将选定商品放入购物车，如图 1-6 所示。

图 1-6　将选定商品放入购物车

第 5 步：真实填写并保存收货地址，如图 1-7 所示。

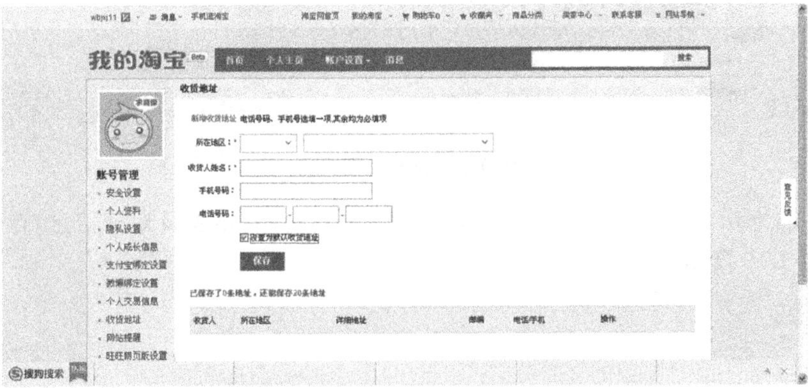

图 1-7　填写并保存收货地址

第 6 步：依次按照订单"确认提交—付款结算—卖家发货—收货确认—评价"流程完成商品的购买过程，如图 1-8 所示。

图 1-8　完成订单

第 7 步：还可以通过其他哪些购物网站查找并购买到商品（登山鞋和登山杖）？

③ 网上订购往返火车票。

第 1 步：在浏览器地址栏输入去哪儿网地址（www.qunar.com），打开网站，如图 1-9 所示。

图 1-9　去哪儿网页面

第 2 步：点击主菜单"火车票"栏，填写出发站、到达站、出发日期等信息，选择要乘的车次，如图 1-10 所示。

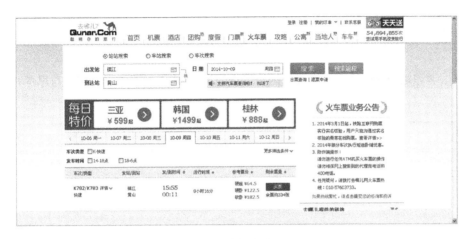

图 1-10 选择车次页面

第 3 步：点击"买票"，根据个人喜好，通过"选择买票网站—填写订单信息—确认购买—在线支付—确认收票"等流程完成火车票购买，如图 1-11 所示。

图 1-11 完成火车票购买

第 4 步：登录其他网站购买车票或机票。其他网站有：＿＿＿＿＿＿＿＿＿＿＿＿＿＿＿

＿＿

＿＿

 拓展练习

通过下面的练习，巩固本任务的相关知识，提升实践操作能力。

（1）登录携程网，帮小明爸爸再买两张黄山景点门票，预订住宿两晚的酒店；登录美团网，帮他们预订一顿具有当地特色的餐饮。

（2）登录中国铁路客服中心，尝试购买一张上海到北京的硬卧车票。

（3）登录当当网，购买一本自己喜欢的图书。

任务小结

一、学习笔记（记录个人在任务练习中对知识、技能的掌握情况及体会与思考）

_____

_____

_____

_____

_____

_____

_____

_____

_____

_____

二、任务考核

网上自助游活动练习考核的具体内容见表 1-1。

表 1-1　网上自助游活动练习考核

职业能力	评价指标	任务完成情况	备注
网上获取和筛选信息能力、购买商品能力	熟悉相关搜索引擎，能使用搜索引擎查找信息		
	熟悉相关购物网站，能按照网上购物流程完成商品的购买		
自我管理能力	掌控时间能力		
	学习积极性		
交流能力	有效与他人沟通		
	团队合作精神		
创新能力	发现并解决常规问题能力		
	推出新的有价值的思路方法		
小组评价			
教师评价			
成绩		签字：	

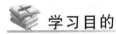

任务二 体验网上教育

学习目的

（1）了解网上教育；

（2）能通过网上购买课程、在线交流等进行学习；

（3）能通过在线测试了解知识的掌握情况；

（4）能够适应电商对学习的影响，并掌握利用电商学习的能力。

任务提出

假如你是某职业院校的一名学生，毕业后获得成人大专学历，你想通过网络学习获取本科学历。请你利用网络熟悉成人高考相关政策，明确考试科目，在网上购买课程进行学习，并通过在线测试了解知识掌握情况。

相关知识

一、了解网上教育

网上教育是指通过计算机网络进行学习的一种活动。交互活动是非常有效的网络学习手段。基于网络学习环境的交互活动被概略地分为学生与学习资源、学生与教师、学生与学生、学生与其他专家、朋友等之间的交互。根据英国学者贝茨的分类方法，交互可分为个别化交互和社会性交互。个别化交互是指学习过程中学习者与学习资源之间的交互，包括自主学习中使用的详细学习指南、统一的课程大纲、精心制作的学习资源、自测练习题、其他计算机网络资源等。社会性交互包括学习过程中学生与教师、学生与学生、学生与其他专家、朋友等之间的交互。通过网络学习中的社会性交互，可以培养学习者发现问题和解决问题的能力，搜集、分析和利用信息的能力，培养学习者学会分享与合作。利用网络学习支持平台的交互功能，构建虚拟的协作学习环境，探讨在这个环境中进行充分社会性交互的策略和方法，不仅能够建构一般协作学习的意义，更对促进教师教学方式的转化、培养学生创新精神和实践能力具有重要的作用。

二、相关网站

1. 成人高考教育网（www.chengkao365.com）

成人高考教育网是国内专门从事成人高考网上辅导的网站。网站自 2000 年成立以来，以权威、准确、及时的信息和卓越的培训效果，受到了百万成考生和求学者的一致好评和拥护，是广大考生了解成人高考政策和动态的窗口。

2．江苏省教育考试院（www．jseea．cn）

江苏省教育考试院是江苏省各类学历教育考试的政府主管部门，具体负责普通高校招生考试、自学考试、成人高考、高中学业水平测试考试、各类证书考试的组织管理工作。

3．华夏成人高考网（www．hxck．net）

华夏成人高考网是全国领先的成人高考教育信息门户网站，主要向全国成考考生提供关于成人高考新闻资讯、成考政策、成考模拟考试、成考视频辅导、成考论坛交流、资源下载等网站服务。

4．腾讯课堂（ke．qq．com）

腾讯课堂是腾讯推出的专业在线教育平台，聚合了优质教育机构和教师的海量课程资源。作为开放式的平台，腾讯课堂计划帮助线下教育机构入驻，共同探索在线教育新模式，这无形中又为在线教育O2O增添了几分热度。

腾讯课堂凭借QQ客户端的优势，实现在线即时互动教学；利用QQ积累多年的音视频能力，提供流畅、高音质的课程直播效果；同时支持PPT演示、屏幕分享等多样化的授课模式，还为教师提供白板、提问等功能。腾讯创建在线教育平台——腾讯课堂，改善了中国教育资源分布和发展不均的现状，依托互联网，打破地域的限制，让每个立志学习、有梦想的人，都能接受优秀教师的指导和教学；同时希望给优秀的机构及教师一个展示的平台。

5．360教育网校（class．edu．360．cn）

它是360导航旗下的专业网校平台，提供专业、安全的小升初、中考、高考、英语、财会、建筑、医药、外贸、职业资格、公务员、学历考试、计算机考试等各类考试的权威名师在线授课视频，以及考试的报名时间、考试时间、考试大纲、成绩查询等相关资讯和历年真题、模拟试题。

6．环球网校（www．edu24ol．com）

环球网校成立于2003年，其发展飞速，它与环球雅思知名教育游学网达成合作，拥有工程、外语、财会、经贸、医疗卫生、学历、国家职业资格等七大类近百个考试项目的网络辅导课程，每年上传课程万余小时。环球网校已经成为国内规模最大的远程职业教育机构。环球网校独创教学模式，班主任全程跟踪每一个学员，实时交流，为学员解决学习中遇到的教务或者服务疑问，班主任还可以帮助学员制订学习计划，提供学习建议。

7．奥鹏教育（www．open．com．cn）

奥鹏远程教育中心（简称奥鹏教育），是由教育部高等教育司于2001年12月批准立项试点，2005年4月正式批准运营的远程教育公共服务体系，也是教育部门批准成立的远程教育内容服务运营机构。经过多年的发展，得到了国家有关部委及远程教育业内人士的广泛认可，先后承担了教育部"数字化学习港和终身学习社会的建设与示范"教改项目、教育部"数字化学习示范中心建设"项目、国家"十一五"科技支撑计划项目、科技部"数字教育公共服务示范工程"课题、国家发改委"支持IPV6的移动学习终端及规模化应用"项目及科技部国家科技支撑计划"虚拟实验应用示范工程"课题等国家重大项目和课题的研究与实践，基于互联网平台，以灵活、方便、个性化的技术手段，为不同年龄、不同职业的人提供数字化学习的机会和全天候一站式学习支持服务。

8. 口语 100 清睿智能听说作业(www. kouyu100.com)

智能听说作业平台,是一个集听说作业、智能口语教练、一对一口语训练于一体的,包括互联网、手机、平板电脑等跨平台听说作业系统。

9. 考易论坛(bbs. kaoyee.com)

考易论坛是国内专业的综合性考试论坛,这里提供精品考试资料下载、在线答疑、考友经验分享、互动交流等服务。

任务实施

一、准备工作

(1) 一台可上网的电脑或移动终端设备(手机、iPad 等)。

(2) 拥有一张具备网上转账支付功能的银行卡或支付宝账户等。

二、实施步骤

① 登录"成人高考教育网"了解应试政策,明确考试科目。

第 1 步:在浏览器地址栏输入成人高考教育网地址(www. chengkao365.com),打开网站,如图 1-12 所示。

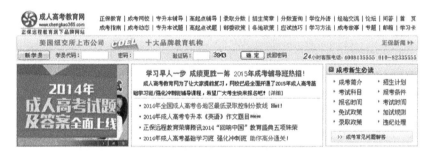

图 1-12　成人高考教育网页面

第 2 步:点击"成考新生必读"熟悉成考相关政策,明确考试科目,其中专升本各学科的考试科目见表 1-2。

表 1-2　专升本考试科目

学科	考试科目
哲学、文学(艺术类除外)、历史学及中医、中药学(一级学科)	政治、外语、大学语文、专业课(由主考院校自定)
艺术类(一级学科)	政治、外语、艺术概论、专业课(由主考院校自定)
工学、理学(生物科学类、地理科学类、环境科学类、心理学类等 4 个一级学科除外)	政治、外语、高数(一)、专业课(由主考院校自定)
经济学、管理学及职业教育类、生物科学类、地理科学类、环境科学类、心理学类、药学类(除中药学类外)等 6 个一级学科	政治、外语、高数(二)、专业课(由主考院校自定)

续表

学科	考试科目
法学	政治、外语、民法、专业课（由主考院校自定）
教育学（职业教育一级学科除外）	政治、外语、教育理论、专业课（由主考院校自定）

注：理工科类所需考试科目为政治、外语、高数（一）。

第 3 步：通过其他网站可以查找到成考政策：_____

_____

② 购买课程进行学习。

第 1 步：输入网址 www.chengkao365.com（成人高考教育网），进入网站首页。

注册新学员，点击"新学员"进入注册页面，填写资料注册，如图 1-13 所示。若已有账号，则可直接登录。

图 1-13　新学员注册页面

第 2 步：注册成功后，点击"选购课程"进入"选课中心"按辅导专业选择，点击"成人高考辅导 专科起点升本科"选好购买课程，点击"去交费"，如图 1-14 所示。

图 1-14　购买课程页面

第 3 步:依次按照"确认支付—选择支付方式—产生订单号—按照所选支付方式付费—购买成功"的流程完成购买过程,如图 1-15 所示。

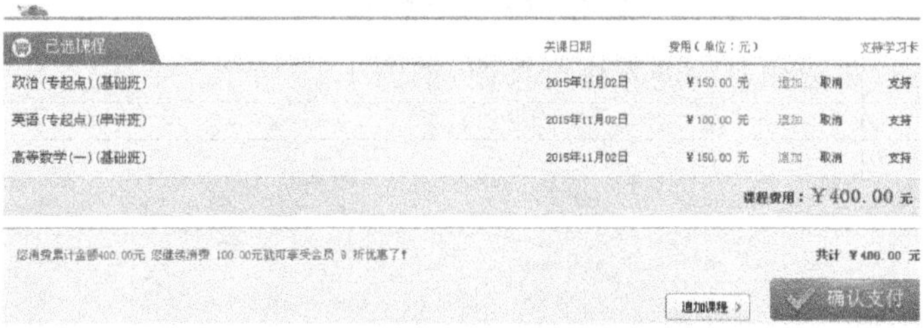

图 1-15　完成课程购买

第 4 步:购买成功后在网站首页直接用账号登录"我的网校我的家"即可点击课程后的"讲座"进行学习。如操作中有问题还可以在线咨询客服。学习中不懂的专业问题还可以点击"答疑"提问,会有专业的老师答复,如图 1-16 所示。

图 1-16　讲座学习页面

第 5 步：通过其他学习网站查找并购买课程（成考专升本理工类）：＿＿＿＿＿＿＿＿

＿＿＿＿＿＿＿＿＿＿＿＿＿＿＿＿＿＿＿＿＿＿＿＿＿＿＿＿＿＿＿＿＿＿＿＿＿＿

＿＿＿＿＿＿＿＿＿＿＿＿＿＿＿＿＿＿＿＿＿＿＿＿＿＿＿＿＿＿＿＿＿＿＿＿＿＿

③ 在线测试。

第 1 步：输入网址 www. hxck. net（华夏成人高考网）进入网站首页，如图 1-17 所示。

图 1-17　华夏成人高考网页面

第 2 步：点击"免费注册"，进入注册页面，如图 1-18 所示。

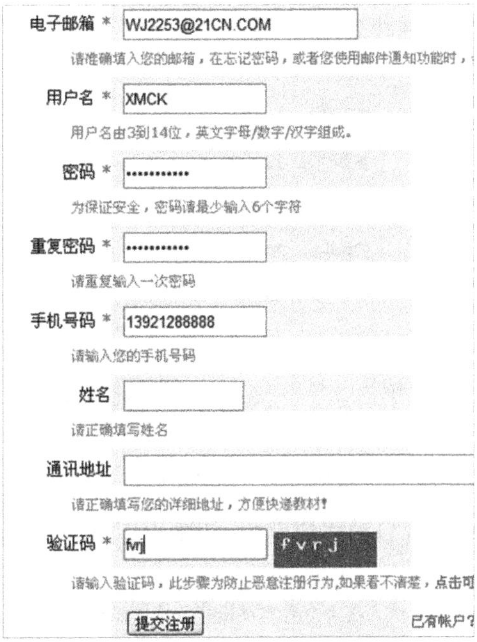

图 1-18　注册页面

第 3 步：注册成功后回到网站首页点击"成考模拟考试"，选择试卷，如图 1-19 所示。

图 1-19　试卷选择页面

第 4 步：依次按照"点击进入考场—确认进入考场—开始答题—提交试卷"的流程完成测试，如图 1-20 所示。

图 1-20 完成测试

第 5 步:提交试卷后,系统自动生成分数,如图 1-21 所示。

图 1-21 提交试卷

第 6 步:点击"返回会员中心",在会员中心"我的考试"中有测试记录。可查看试卷解析,也可以重考。

图 1-22 测试记录

第 7 步:通过其他网站进行在线测试(成考专升本理工类):_____

_____

 拓展练习

通过下面的练习,巩固本任务的相关知识,提升实践操作能力。

（1）登录人民网，学习时事政治。

（2）QQ 查找"成人高考"加入高考交流群，交流学习方法。

（3）网上搜索历年成考试卷，多做练习。

任务小结

一、学习笔记（记录个人在任务练习中对知识、技能的掌握情况及体会与思考）

_____

_____

_____

_____

_____

_____

_____

_____

二、任务考核

网上教育学习考核的具体内容见表 1-3。

表 1-3　网上教育学习考核

职业能力	评价指标	任务完成情况	备注
知识获取能力和网上学习能力	熟悉相关学习网站，能在网站中搜索到所要查找的信息		
	能通过购买课程、在线交流、在线测试等进行学习		
自我管理能力	掌控时间能力		
	学习积极性		
交流能力	有效与他人沟通		
	团队合作精神		
创新能力	发现并解决常规问题能力		
	推出新的有价值的思路方法		
小组评价			
教师评价			
成绩	签字：		

任务三　体验网上求职

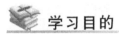

学习目的

（1）能设计一份符合要求的个人简历；
（2）熟悉国内几个知名的求职网站；
（3）能在网上完成注册、职业岗位搜索、简历投递等环节；
（4）了解电商对个人工作学习的重要性，增强学习的主动性。

任务提出

　　小强是一所职业院校电子商务专业学生，即将毕业，准备找一份物流企业的工作，除了参加学校组织的专场招聘会和双选会外，老师还建议他通过网上求职寻找更多的岗位。

相关知识

一、求职简历

1. 含义

　　个人简历，是求职者向招聘单位投递的一份简要介绍，包含自己的基本信息：姓名、性别、年龄、民族、籍贯、政治面貌、学历、联系方式，以及自我评价、工作经历、学习经历、荣誉与成就、求职愿望、对这份工作的简要理解等。现在越来越多的人通过网络找工作，因此一份良好的个人简历对于获得面试机会至关重要。

2. 制作简历的原则

　　原则之一：有重点。招聘者希望看到求职者认真负责的态度。雇主要在数百位应聘者中找到一个或几个最合适的人。因此在编写简历时，要强调工作目标和重点，语言要简短，多用动词，并且避免不相关信息。

　　原则之二：推销自我。成功的广告要简短而富有感召力，并且多次重复重要的信息。简历应该限制在一页纸以内，个人情况介绍不要以段落的形式出现，尽量用动作性短语使语言更加鲜活有力；在简历页面的上端写一段总结性的语言，陈述自己应聘的最大优势，然后再在个人介绍中将这些优势以经历和成绩的形式加以叙述。

　　原则之三：真实性。简历是求职者的第一张"名片"，不可以撒谎，更不可以掺假，但可以进行优化处理，即可以选择突出强项，忽略弱势。比如应届毕业生，可以在简历上重点突出在校时的学生会工作、参加实习、担任志愿者、支教等工作经历，但不要只陈述这些经历，更重要的是表达自己从中获得的经验和感悟，并且这些收获能在今后持续发挥效用。如此一来,招聘者便不会以"应届生没有工作经验"为由拒绝应聘者。

原则之四:针对性。做简历时可以事先结合职业规划确定求职目标,做出有针对性的版本,根据不同企业进行专门递送,这样做更容易得到招聘者的认可。

原则之五:价值性。把最有价值的内容放在简历中,使用语言讲究平实、客观和精练,不宜出现太感性的描述。通常简历的篇幅为 A4 纸版面 1～2 页,不宜过长,也不宜有半页,出现一页半的情况时,最好能压缩为一页。简历中尽量提供能够证明自己工作业绩的量化数据,比如拓展了多少个新的市场客户,年销售业绩达到多少万元,每年发表学术论文多少篇等。最好还提供能够提高职业含金量的成功经历,比如完成了一个很难的项目等。对于自己独有的经历一定要保留,在著名公司工作、参加著名培训、与著名人物接触等都可以重点突出处理。

原则之六:条理性。将公司可能雇佣你的理由用自己过去的经历有条理地表达出来,最重点的内容有个人基本资料、工作经历(职责和业绩)、教育与培训经历;次重要的信息有职业目标(这个一定要标示出来)、核心技能、背景概述、语言与计算机能力,以及奖励和荣誉信息,其他的信息可不做展示。对于自己的最闪光点可以点到即止,不要过于详细,留在面试时再详尽地展开。

二、熟悉国内主流求职网站

1. 前程无忧(www.51job.com)

前程无忧集合了传统媒体、网络媒体及信息技术优势,提供包括网络招聘、培训测评和人事外包在内的全方位专业人力资源服务,截至目前,已在包括香港在内的中国 25 个城市设有服务机构。2004 年 9 月,前程无忧在美国纳斯达克上市。

2. 智联招聘(www.zhaopin.com)

成立于 1997 年的智联招聘是国内最早、最专业的人力资源服务商之一。它的前身是 1994 年创建的智联(Alliance)公司,总部位于北京,在上海、广州、深圳、天津、西安、成都、南京、武汉、长沙、苏州、沈阳、长春、大连、济南、青岛、郑州等城市设有分公司,业务遍及全国 50 多个城市。智联招聘的客户遍及各行各业,尤其在 IT、快速消费品、工业制造、医药保健、咨询及金融服务等领域拥有丰富的经验。智联招聘为中央电视台经济频道《绝对挑战》栏目的独家人才支持机构。

3. 中华英才网(www.chinahr.com)

中华英才网成立于 1997 年,是国内最优秀的人力资源网站之一。2005 年 4 月,全球知名网络服务提供商 Monster.com 向中华英才网注入 5000 万美金战略投资,并把自身先进的管理理念、业务模式和产品引入中华英才网,引领其迈向全新的国际化发展阶段。中华英才网的主要产品与服务包括网络招聘、英才招聘宝、英才 SSS、校园招聘服务等。

4. 58 同城(www.58.com)

58 同城成立于 2005 年 12 月 12 日,总部设在北京,是中国最大的分类信息网站,本地化、自主且免费、真实高效是 58 同城网的三大特色。其服务覆盖生活的各个领域,提供房屋租售、招聘求职、商家黄页、二手买卖、旅游交友、餐饮娱乐等多种生活信息。在ALEXA 排行榜中,58 同城进入中文网站前 30 名。其招聘网虽然成立时间较短,但推广力、影响力和流量正处于快速上升中。

任务实施

一、准备工作

（1）一台可上网的电脑或移动终端设备（手机、iPad 等）。

（2）电脑上安装有办公软件，如常用的 Word、Excel 等。

二、实施步骤

1. 利用办公软件 Word 制作一份符合要求的个人求职简历

① 设计简历封面。

直观、简洁的封面可以给用人单位留下较好的印象。封面不要太花哨，简洁直观最能反映求职者的真诚态度。如图 1-23 所示的封面，简单的几行字，可体现出求职者对工作认真负责、吃苦耐劳的敬业精神。

图 1-23　个人简历封面示例

② 填写个人简历(中文)。

个人简历主要写明个人资料、教育背景、兴趣爱好、获得的各种奖项、个人优势等。一般用表格的形式完成,尽量把表格安排规整,如图 1-24 所示。

个人简历

姓名	小强	性别	男	学历	高职	
民族	汉	健康状况	好	培养类别		
籍贯	江苏苏州	婚姻状况	未婚	毕业时间	2015 年6月	
政治面貌	共青团员	专业名称	电子商务	出生年月	1997 年7月	
院系	信息系	毕业院校	＊＊技师学院	计算机水平	国家一级	
个人主页	Http://2345789.qzone.qq.com			手机	1333285464	
QQ	2345789	E-mail	2345789@qq.com	邮编	212006	
求职意向	物流企业或物流岗位					
特长技能	计算机国家一级、助理物流师职业资格					
教育背景	2011.09—2015.2 ＊＊技师学院信息系电子商务专业					
奖惩情况	1. 2013年获年度"优秀志愿者"称号; 2. 2012年获"优秀寝室长"称号; 3. 2014年获校级社会实践调查报告三等奖; 4. 2012—2014年连续三年获院级奖学金					
社会实践	1. 2012年组织并策划院英语风采大赛; 2. 担任第9届校园艺术节开幕式晚会的主持人					
自我鉴定	我孜孜不倦、执著探求、百般锻炼,逐渐成为了一个能适应社会要求的新时代毕业生,并为以后的工作打下坚实的基础。我相信:用心就一定能赢得精彩!勤奋的我将以永不服输的韧劲融入社会。 人生信条:踏踏实实做事,认认真真做人!					

图 1-24 个人简历示例

③ 求职申请书。

求职申请书一般要写明想要谋求的职位,以及个人的简要情况,比如在学校学习的专业、获得的奖项等。格式要完整,开头结尾称呼要到位。

④ 打印简历。

简历一般采用统一的 A4 纸打印,尽量装订整齐,不一定要做得很精致,但要整齐规范。

2. 在求职网站完成用户注册,搜寻适合的岗位并投递简历

① 登录求职网站。

打开一家知名的求职网站,如中华英才网,可通过百度等搜索该网站,登录首页,如图 1-25 所示。

图 1-25　登录求职网站

② 求职者用户注册。

在求职网注册页面进行注册,如图 1-26 所示。

图 1-26　新用户注册

③ 填写求职者个人信息。

填写时注意信息准确,尤其是联系方式,如图 1-27 所示。

图 1-27 填写个人信息

④ 注册并提交 Word 简历附件。

这一步很关键,它便于用人单位详细了解求职者的信息。

图 1-28 提交 Word 简历附件

⑤ 完成注册。

注册完成后显示页面如图 1-29 所示。

图 1-29 完成注册

⑥ 搜索适合的企业和职位。

可以通过设定不同的条件(比如行业、岗位、所在地区、薪酬水平等),精确搜索想要的职位信息,如图 1-30 所示。

图 1-30　搜索适合的企业和职位

⑦ 仔细查看单位信息、工作性质、任职条件、工作地点、待遇等信息,如图 1-31 所示。

图 1-31　仔细查看信息

⑧ 选择应聘职位，投递简历，如图 1-32 所示。

图 1-32　投递简历

⑨ 其他求职网站。

除了在知名求职网站进行简历投递外，有些知名的大型企业会在自己的官网进行校园招聘（见图 1-33），求职者需要登录企业官网完成网上申请，如著名的阿里巴巴大型招聘。

图 1-33　官网的校园招聘

⑩ 完成简历投递是找工作的第一步,也是关键的一步。

如果求职者简历得到用人单位的青睐,之后可能会经历笔试、面试等各个环节。求职者每一步都需要认真应对,早做准备,尽可能搜集应聘单位的相关信息,做到有的放矢,这样才会提高应聘的成功率。

 拓展练习

通过下面的练习,巩固本任务的相关知识,提升实践操作能力。

(1)登录 58 同城网,帮助小强的同学小红找一份物流岗位的工作。

(2)小强要应聘一家大型电商企业,请为他重新设计一份适合的求职简历。

 任务小结

一、学习笔记(记录个人在任务练习中对知识、技能的掌握情况及体会与思考)

_____

_____

_____

_____

_____

_____

_____

_____

_____

二、任务考核

网上求职学习考核的具体内容见表 1-4。

表 1-4　网上求职学习考核

职业能力	评价指标	任务完成情况	备注
制作求职简历的能力,搜索适合企业及岗位能力	熟悉相关搜索引擎等网站,能使用搜索引擎查找想要的信息		
	熟悉国内知名求职网站,熟练完成注册、岗位搜索、简历投递等任务		
自我管理能力	掌控时间能力		
	学习积极性		
交流能力	有效与他人沟通		
	团队合作精神		

续表

职业能力	评价指标	任务完成情况	备注
创新能力	发现并解决常规问题能力		
	推出新的有价值的思路方法		
小组评价			
教师评价			
成绩		签字：	

任务四　认识电子商务

学习目的

(1) 了解电子商务的含义;

(2) 掌握电子商务的分类;

(3) 掌握电子商务盈利模式与建站模式;

(4) 了解我国电子商务的发展;

(5) 培养自主学习的能力,树立适应未来电商生活模式的信心。

任务提出

通过前三个与生活、学习、求职有关的任务学习体验,学生对电子商务有了一定的感性认识,本任务将以学生自主学习为主,了解并掌握电子商务的含义、分类、盈利模式与建站模式及发展。

相关知识

一、电子商务的含义

电子商务是利用微电脑技术和网络通信技术进行的商务活动。各国政府、学者、企业界人士根据自己所处的地位和对电子商务参与的角度和程度的不同,给出了许多不同的定义。

电子商务可以划分为广义和狭义的电子商务。广义上讲,电子商务(Electronic Business,简称 EB)就是通过电子手段进行的商业事务活动。通过使用互联网等电子工具,使公司内部、供应商、客户和合作伙伴之间,利用电子业务共享信息,实现企业间业务流程的电子化,配合企业内部的电子化生产管理系统,提高企业的生产、库存、流通和资金等各个环节的效率。狭义上讲,电子商务(Electronic Commerce,简称 EC)是指通过使用互联网等电子工具(包括电报、电话、广播、电视、传真、计算机、计算机网络、移动通信等)在全球范围内进行的商务贸易活动。EC 是以计算机网络为基础进行的各种商务活动,包括商品和服务的提供者、广告商、消费者、中介商等有关各方行为的总和。人们一般理解的电子商务是指狭义上的电子商务。

联合国国际贸易程序简化工作组对电子商务的定义是:采用电子形式开展商务活动,包括在供应商、客户、政府及其他参与方之间通过任何电子工具,如 EDI、Web 技术、电子邮件等共享非结构化商务信息,并管理和完成在商务活动、管理活动和消费活动中的各种交易。

综上所述,电子商务的定义是指在互联网(Internet)、企业内部网(Intranet)和增值网(Value Added Network,简称 VAN)上以电子交易方式进行交易和相关服务的活动,是传统商业活动各环节的电子化、网络化。

二、电子商务的分类

① 按照商业活动的运行方式,电子商务可以分为完全电子商务和非完全电子商务。

② 按照商务活动的内容,电子商务主要包括间接电子商务(有形货物的电子订货和付款,仍然需要利用传统渠道如邮政服务和商业快递送货)和直接电子商务(无形货物和服务,如某些计算机软件、娱乐产品的联机订购、付款和交付,或者是全球规模的信息服务)。

③ 按照开展电子交易的范围,电子商务可以分为区域化电子商务、远程国内电子商务和全球电子商务。

④ 按照使用网络的类型,电子商务可以分为基于专门增值网络(EDI)的电子商务、基于互联网的电子商务和基于 Internet 的电子商务。

⑤ 按照交易对象,电子商务可以分为企业对企业的电子商务(B2B),企业对消费者的电子商务(B2C),企业对政府的电子商务(B2G),消费者对政府的电子商务(C2G),消费者对消费者的电子商务(C2C),企业、消费者、代理商三者相互转化的电子商务(ABC),以消费者为中心的全新商业模式(C2B2S)和以供需方为目标的新型电子商务(P2D)。

B2B(Business to Business)模式,即企业与企业之间通过互联网进行产品、服务及信息的交换。通俗的说法是指进行电子商务交易的供需双方都是商家(或企业、公司),它们使用了 Internet 的技术或各种商务网络平台(拓商网),完成商务交易的过程。这些过程包括发布供求信息,订货及确认订货,支付过程,及票据的签发、传送和接收,确定配送方案并监控配送过程等。

B2C(Business to Customer)模式是中国最早产生的电子商务模式,如今的 B2C 电子商务网站非常多,比较大型的有天猫商城、京东商城、1 号店、亚马逊中国、苏宁易购、国美在线等。

C2C(Consumer to Consumer)是用户对用户的模式,C2C 商务平台就是通过为买卖双方提供一个在线交易平台,使卖方可以主动提供商品上网拍卖,而买方可以自行选择商品进行竞价。

B2G(Business to Government)模式是企业与政府管理部门之间的电子商务,如政府采购、海关报税的平台、国税局和地税局报税的平台等。

O2O(Online to Offline)是新兴的一种电子商务新模式,即将线下商务的机会与互联网结合在一起,让互联网成为线下交易的前台。这样线下服务就可以用线上来揽客,消费者可以在线上筛选服务,并且成交可以在线结算。该模式最重要的特点是:推广效果可查,每笔交易可跟踪。如美乐乐的 O2O 模式,通过搜索引擎和社交平台建立海量网站入口,将家居网购消费者吸引到美乐乐家居网,进而引流到当地的美乐乐体验馆。线下体验馆承担产品展示与体验及部分的售后服务功能。

C2B(Customer to Business)即消费者对企业模式。消费者对企业模式最先由美国

流行起来的。C2B 模式的核心,是通过聚合分散分布但数量庞大的用户形成一个强大的采购集团,以此来改变 B2C 模式中用户一对一出价的弱势地位,使之享受到以大批发商的价格买单件商品的利益。

P2D(Provide to Demand)是一种全新的、涵盖范围更广泛的电子商务模式,强调的是供应方和需求方的多重身份,即在特定的电子商务平台中,每个参与个体的供应面和需求面都能得到充分满足,充分体现在特定环境下的供给端报酬递增和需求端报酬递增。

B2B2C(Business to Business to Customers)是一种新的网络通信销售方式。第一个"B"是指广义的卖方(即成品、半成品、材料提供商等),第二个"B"是指交易平台,即提供卖方与买方的联系平台,同时提供优质的附加服务,"C"即指买方。卖方不仅仅是公司,还可以包括个人,即一种逻辑上的买卖关系中的卖方。

三、电子商务盈利模式与建站模式

1. 盈利模式

电子商务项目的盈利模式可以归结为以下 3 种:

第一种,利用已有资源(难度最低)。例如,某服装企业通过网络销售产品(企业产品即其资源)、某营销顾问公司通过网络提供顾问服务、门户网站利用已有的巨大流量卖广告位等。

采用这种模式的电子商务企业,只要向客户提供良好的产品(自有的资源),找到合适的销售渠道,并进行必要的宣传推广就行了。

第二种,利用积累的某种资源(难度中等)。采用这种模式的电子商务企业,只要积累丰富的资源,建设一个良好的平台,并加大宣传推广的力度就可以取得成功。该模式可通过提供免费服务吸引大量网民访问从而获得广告收入,也可以采取付费会员制(资源具有不易获得性时,采取付费会员制为最佳)。

第三种,利用汇聚的两种访客资源(难度高)。采用这种模式的电子商务企业,需要建设一个优秀的平台,并通过强力的宣传推广吸引平台所面向的两种访客,通常起步阶段对两种访客都同时采取免费策略。

2. 建站模式

第一种建站模式是基于平台的网上商城开店,适合于二手或闲置物品。

第二种建站模式是进驻大型网上商城,像实体店铺进驻商场一样。

第三种建站模式是独立网店。它可根据喜好选择自己喜欢的店铺风格,可自行设定商品分类及商品管理规则,可自行添加各种支付方式,可按照自己的要求给予用户最好的网上购物体验。

四、我国电子商务的发展

1. 发展阶段

第一阶段:电子邮件阶段。这个阶段可以认为是从 20 世纪 70 年代开始,平均的通讯量以每年几倍的速度增长。

第二阶段:信息发布阶段。从 1995 年起,以 Web 技术为代表的信息发布系统,爆炸式地增长起来,成为 Internet 的主要应用。

第三阶段:电子商务阶段(Electronic Commerce,简称 EC)。EC 在美国也才刚刚开始,之所以把 EC 列为一个划时代的事物,是因为 Internet 的最终主要商业用途,就是电子商务,也可以反过来说,若干年后的商业信息,主要是通过 Internet 传递。Internet 即将成为商业信息社会的神经系统。1997 年底在加拿大温哥华举行的第五次亚太经合组织领导人非正式会议上美国总统克林顿提出敦促各国共同促进电子商务发展的议案,引起了全球首脑的关注,IBM、HP 和 Sun 等国际著名的信息技术厂商已经宣布 1998 年为电子商务年。

第四阶段:全程电子商务阶段。随着 SaaS(Software as a Service)软件服务模式的出现,软件纷纷登录互联网,延长了电子商务链条,形成了当下最新的"全程电子商务"概念模式。

第五阶段:智慧阶段。2011 年,互联网信息碎片化及云计算技术愈发成熟,主动互联网营销模式出现,i-Commerce(individual Commerce)顺势而出,电子商务摆脱了将传统销售模式生搬上互联网的现状,以主动、互动、用户关怀等多角度与用户进行深层次沟通。其中以 IZP 科技集团提出的 ICE 最具代表性。

2. 发展现状

"十二五"期间,我国电子商务行业发展迅猛,产业规模迅速扩大,电子商务信息、交易和技术等服务企业不断涌现。2010 年中国电子商务市场交易额已达 4.5 万亿元,同比增长 22%。2011 年我国电子商务交易总额再创新高,达到 5.88 万亿元,其中中小企业电子商务交易额达 3.21 万亿元。

截至 2013 年底,中国电子商务市场交易规模达 10.2 万亿元,同比增长 29.9%。其中,B2B 电子商务市场交易额达 8.2 万亿元,同比增长 31.2%。网络零售市场交易规模达 18851 亿元,同比增长 42.8%。排在前十的省份(含直辖市)分别为广东、江苏、北京、上海、浙江、山东、湖北、福建、四川、湖南。

截至 2013 年 12 月,电子商务服务企业直接从业人员超过 235 万人。由电子商务间接带动的就业人数已超过 1680 万人。

2013 年电子商务市场细分行业结构中,B2B 电子商务占比 80.4%;网络零售交易规模市场份额达 17.6%;网络团购占比 0.6%;其他占 1.4%。

电商扶持政策将出台,国家发改委 2013 年 5 月 28 日表示,13 个部门将出台系列政策措施,从可信交易、移动支付、网络电子发票、商贸流通和物流配送共 5 个方面支持电子商务发展。产业洞察网发布的《中国电子商务行业调研》报告显示,2011 年中国内地电子商务持续快速增长,交易额突破 8 万亿元,同比增长 31.7%。

国家发展改革委 2013 年 5 月 28 日表示在可信交易方面,国家工商总局正在会同有关部门,推进电子商务交易主体、客体和交易过程中基础信息的规范管理和服务;质检总局也在着力研究建立电子商务交易产品基础信息的规范化管理制度,建立基于统一产品编码体系的质量公开制度;商务部着力推进信用监测体系的建设。

在移动支付方面,中国人民银行正在针对当前移动支付快速发展的需求,研究制定移动支付发展的具体政策,引导商业银行、各类支付机构实施移动支付的金融行业标准。

34

在网络电子发票方面,国家税务总局正在进一步研究推进网络电子发票试点,完善电子发票的管理制度和标准规范;财政部研究完善电子快捷档案的管理制度。

在商贸流通领域,商务部会同有关部门进一步完善交易、物流配送、网络拍卖领域的电子商务应用的政策、管理制度和标准规范。

在物流配送方面,国家邮政局正在重点研究建立重点地区快递准时通报机制,健全电子商务配送系列保障措施,同时创新电子商务快递服务机制。

3. 发展趋势

(1)政府加强引导性投资

政府近些年来逐步加强了在电子商务领域的引导性投资,用以改善中国电子商务市场的投资环境。今年杭网联合苏州市政府和网谷电子商务产业园,成立苏州网谷电子商务产业园。苏州网谷意在利用杭网独有的电子商务资源优势,为苏州优质企业搭建现代化的交易平台,提升企业市场竞争力,从而带动区域经济转型升级。

(2)物流平台逐步崛起

从电子商务市场支撑体系建设看,物流公共信息平台将有巨大发展,平台信息服务能力将显著提升,同时更多的电子商务服务商会加入物流体系建设的行列中,物流平台也会逐渐搭建,物流服务商将面临洗牌。

(3)B2B仍是主流

未来10年,中国将有70%的贸易额通过电子交易完成。中国B2B电子商务市场交易规模增长潜力巨大。此外,由于电子商务向行业的渗透将更加深入,加之B2C市场对投资者的吸引力加强,B2C市场的份额将呈现明显扩大的趋势。

任务实施

① 结合生活与学习体验,谈谈你对电子商务的理解。

_____

_____

_____

② 通过网络搜索,填写表1-5。

表1-5　电子商务的分类

电子商务类型	典型网站名称及网址	服务内容	服务对象
B2B			
B2C			

续表

电子商务类型	典型网站名称及网址	服务内容	服务对象
C2C			
B2G			

③ 登录并浏览中国互联网信息中心（www. cnnic. cn）和艾瑞网（www. iresearch. cn），写出最新互联网发展研究报告和电子商务发展数据分析报告的主要内容。

_____

_____

_____

_____

_____

_____

_____

_____

拓展练习

通过下面的练习，巩固本任务的相关知识，提升实践操作能力。

（1）电子商务与传统商务的区别有哪些？

（2）全球电子商务的发展趋势如何？

（3）搜索电子商务对人们未来生活影响的相关视频，树立未来电商生活模式的信心。

任务小结

一、学习笔记（记录个人在任务练习中对知识、技能的掌握情况及体会与思考）

_____

_____

_____

_____

_____

_____

_____

二、任务考核

认识电子商务学习考核的具体内容见表 1-6。

表 1-6　认识电子商务学习考核

职业能力	评价指标	任务完成情况	备注
了解电子商务的概念及电子商务分类	能够把握电子商务的内涵		
	典型网站选择恰当,并能熟知这些网站的服务内容与服务对象		
自我管理能力	掌控时间能力		
	学习积极性		
交流能力	有效与他人沟通		
	团队合作精神		
创新能力	发现并解决常规问题能力		
	推出新的有价值的思路方法		
小组评价			
教师评价			
成绩	签字:		

项目二

网络信息检索与应用

　　本项目通过对搜索引擎工具使用方法与技巧、商务信息的检索、评估和存储网上信息3 个任务,介绍了常用搜索引擎的定义、分类及使用方法,商务信息的特点、分类,商务信息的采集、分类处理及存储。

● **知识目标:**了解商务信息的定义及其特点、分类;
　　　　　　掌握常用搜索引擎的定义、分类及使用方法。
● **技能目标:**能够进行商务信息的采集、分类处理及存储;
　　　　　　能够准确、快速、全面地检索出需要的信息。
● **素养目标:**培养市场调研及对信息分析、处理的能力。

 常用搜索引擎工具的使用方法与技巧

学习目的

（1）了解搜索引擎的定义及分类；
（2）掌握确定搜索关键词的技巧；
（3）掌握利用搜索引擎查找信息的方法；
（4）熟悉常见中文搜索引擎。

任务提出

小强从某高职院校电子商务专业毕业，前往某电子商务公司求职时，被要求制作一个PPT介绍他对电子商务行业发展现状和发展前景的看法、观点。他需要在网上查找一些相关文献资料作为学习参考，请你利用搜索引擎快速地帮他找到所需资料。

相关知识

一、搜索引擎的定义

搜索引擎（Search Engine）是指根据一定的策略、运用特定的计算机程序从互联网上搜集信息，在对信息进行组织和处理后，为用户提供检索服务，将用户检索的相关信息展示给用户的系统。

二、搜索引擎的分类

搜索引擎主要包括全文索引、目录索引、元搜索引擎、垂直搜索引擎、集合式搜索引擎、门户搜索引擎与免费链接列表等。

1. 全文索引

全文索引是指通过从互联网上提取的各个网站的信息（以网页文字为主）建立的数据库中，检索与用户查询条件匹配的相关记录，然后按一定的排列顺序将结果反馈给用户。根据搜索结果来源的角度，全文索引又可细分为两种，一种是拥有自己的检索程序（Indexer），俗称"蜘蛛"（Spider）程序或"机器人"（Robot）程序，并自建网页数据库，搜索结果直接从自身的数据库中调用；另一种是租用其他引擎的数据库，并按自定的格式排列搜索结果，如Lycos引擎。国内著名的全文索引有百度（Baidu），国外具代表性的有Google。

2．目录索引

目录索引也称分类检索，是因特网上最早提供 WWW 资源查询的服务，主要通过搜集和整理因特网的资源，根据搜索到网页的内容，将网址分配到相关分类主题目录的不同层次的类目之下，形成像图书馆目录一样的分类树形结构索引。目录索引虽然有搜索功能，但算不上是真正的搜索引擎，仅仅是按目录分类的网站链接列表而已。用户可以完全不用进行关键词（Keywords）查询，仅靠分类目录就能得到需要的信息。国内最具代表性目录索引的是搜狐、新浪、网易等，国外是 Yahoo。

3．元搜索引擎（META Search Engine）

元搜索引擎在接受用户查询请求时，同时在其他多个引擎上进行搜索，并将结果反馈给用户。著名的元搜索引擎有 InfoSpace、Dogpile、Vivisimo 等（元搜索引擎列表），具代表性的中文元搜索引擎有搜星搜索引擎。在搜索结果排列方面，有的直接按来源引擎排列搜索结果，如 Dogpile；有的按自定的规则将结果重新排列组合，如 Vivisimo。

4．垂直搜索引擎

垂直搜索引擎为 2006 年后逐步兴起的一类搜索引擎。不同于通用的网页搜索引擎，垂直搜索引擎专注于特定的搜索领域和搜索需求（例如，机票搜索、旅游搜索、生活搜索、小说搜索、视频搜索、购物搜索等），在其特定的搜索领域有更好的用户体验。相比通用搜索动辄数千台检索服务器，垂直搜索引擎需要的硬件成本低、用户需求特定、查询的方式多样。

5．集合式搜索引擎

它类似元搜索引擎，区别在于它并非同时调用多个搜索引擎进行搜索，而是由用户从提供的若干搜索引擎中选择，如 HotBot 在 2002 年底推出的搜索引擎。

6．门户搜索引擎

如 AOL Search、MSN Search 等虽然提供搜索服务，但自身既没有分类目录也没有网页数据库，搜索结果完全来自其他搜索引擎。

7．免费链接列表（Free For All Links，简称 FFA）

这类网站一般只简单地滚动排列链接条目，少部分有简单的分类目录，不过规模比 Yahoo 等目录索引要小得多。

三、确定搜索关键词的技巧

1．搜索关键词提炼

选择搜索关键词，首先要确定搜索目标，即明确要找的信息到底是什么？是资料性的文档，还是某种产品或服务？然后再分析这些信息有什么共性，以及区别于其他同类信息的特性，最后从这些方向性的概念中提炼出此类信息最具代表性的关键词。如果这一步做好了，就能迅速地定位要找的信息，而且多数情况下不需要利用其他更复杂的搜索技巧。

2．细化搜索条件

给出的搜索条件越具体，搜索引擎返回的结果越精确。比如想查找有关电脑冒险游戏方面的资料，输入"game"进行检索是无济于事的，输入"computer game"查找范围小一

些，当然最好是输入"computer adventure game"，返回的结果会精确得多。此外，一些功能词汇和常用的名词，如对英文中的"and""how""what""web""homepage"和中文中的"的""地""和"等搜索引擎是不支持的。这些词被称为停用词（Stop Words）或过滤词（Filter Words），在搜索时这些词都将被搜索引擎忽略。

3．用好搜索逻辑命令

搜索引擎基本上都支持附加逻辑命令查询，常用的是"＋"和"－"，或与之相对应的布尔（Boolean）逻辑命令 AND、OR 和 NOT。用好这些命令符号可以大幅提高搜索精度。

4．精确匹配搜索

除利用前面提到的逻辑命令来缩小查询范围外，还可使用""""引号（注意：引号为英文字符。虽然现在一些搜索引擎已支持中文标点符号，但顾及其他引擎，最好养成使用英文字符的习惯）进行精确匹配查询（也称短语搜索）。

5．特殊搜索命令

标题搜索，多数搜索引擎都支持针对网页标题的搜索，命令是"title："，在进行标题搜索时，前面提到的逻辑符号和精确匹配原则同样适用。网站搜索，指针对网站进行搜索，命令是"site："（Google）、"host："（AltaVista）、"url："（Infoseek）或"domain："（HotBot）。链接搜索，在 Google 和 AltaVista 中，用户均可通过"link："命令来查找某网站的外部导入链接（Inbound Links）。其他一些引擎也有同样的功能，只不过命令格式稍有区别。用户可以用这个命令来查看相关链接网站。

四、百度搜索的常见高级技巧

1．分类搜索

百度搜索提供新闻搜索、网页搜索、贴吧搜索、知道搜索、音乐搜索、图片搜索、视频搜索、地图搜索、百科搜索、文库搜索等分类搜索方式，如图 2-1 所示。

图 2-1　百度搜索方式

2．限定搜索范围

① 直接使用高级搜索页面（http：//www. baidu. com/gaoji/advanced. html）。

百度搜索高级搜索页面如图 2-2 所示。

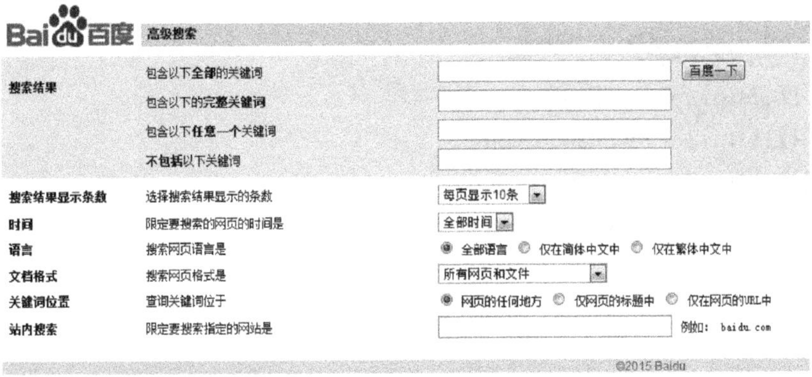

图 2-2　百度高级搜索页面

② 把搜索范围限定在网页标题中——intitle。

网页标题通常是对网页内容提纲挈领式的归纳。把搜索范围限定在网页标题中,有时能获得良好的效果。使用的方式是把查询内容中特别关键的部分,用"intitle:"领起来。

例如,找电子商务发展趋势,就可以这样查询:发展趋势 intitle:电子商务。注意:"intitle:"和后面的关键词之间不要有空格。

③ 把搜索范围限定在特定站点中——site。

如果知道某个站点中有需要找的东西,就可以把搜索范围限定在这个站点中,提高查询效率。使用的方式是在查询内容的后面加上"site:站点域名"。

例如,天空网下载软件不错,就可以这样查询:msn site:skycn.com。注意:"site:"后面跟的站点域名,不要带"http://"和"/"符号;另外,"site:"和站点名之间,不要带空格。

④ 把搜索范围限定在 url 链接中——inurl。

网页 url 中的信息,常常有某种有价值的含义。如果对搜索结果的 url 做某种限定,就可以获得良好的效果。实现的方式是用"inurl:",后跟需要在 url 中出现的关键词。

例如,找关于 photoshop 的使用技巧,可以这样查询:photoshop inurl:jiqiao。这个查询串中的"photoshop",可以出现在网页的任何位置,而"jiqiao"必须出现在网页 url 中。注意:"inurl"和后面所跟的关键词之间不要有空格。

⑤ 精确匹配——双引号。

如果输入的查询词很长,百度在经过分析后,给出的搜索结果中的查询词可能是拆分的。如果不想让其拆分查询,可给查询词加上双引号。

例如,搜索上海科技大学,如果不加双引号,搜索结果被拆分,效果不是很好,但加上双引号后,"上海科技大学",获得的结果就全是符合要求的了。

⑥ 减去无关资料。

如果发现搜索结果中,有不希望看见的网页,而且这些网页都包含特定的关键词,那么用减号语法就可以去除所有这些含有特定关键词的网页。

例如,搜索"神雕侠侣",希望得到关于武侠小说方面的内容,却发现有很多关于电视剧方面的网页,那么就可以这样查询:神雕侠侣—电视剧 。注意:前一个关键词和减号之间必须有空格,否则,减号会被当成连字符处理,而失去减号语法功能。减号和后一个关键词之间,有无空格均可。

五、常用中文搜索引擎及网址

① 百度:http://www.baidu.com/。

② 好搜:http://www.haoso.com/。

③ 搜狗:http://www.sogou.com/。

④ Soso搜搜:http://www.soso.com/。

⑤ 中国搜索:http://www.chinaso.com/。

⑥ 有道搜索:http://www.youdao.com/。

任务实施

① 请至少用3个中文搜索引擎搜索电子商务发展现状,并记录搜索结果:

使用的搜索引擎:a. _____

b. _____

c. _____

这3个搜索引擎搜索的结果相同吗? _____

利用a搜索到的相关信息_____篇/条;

利用b搜索到的相关信息_____篇/条;

利用c搜索到的相关信息_____篇/条。

② 在百度文库中搜索关于电子商务发展趋势的PPT文档,如图2-3所示。

图2-3　搜索 PPT 文档

搜索结果排名前5名的PPT的名称、页数及下载次数分别为:

第一名名称:_____,页数:_____,下载次数:_____。

第二名名称:_____,页数:_____,下载次数:_____。

第三名名称:_____,页数:_____,下载次数:_____。

第四名名称:_____,页数:_____,下载次数:_____。

第五名名称:_____,页数:_____,下载次数:_____。

③ 利用百度搜索关于电子商务发展现状及趋势的所有 Word 文档(不仅限于百度文库),百度搜索页面如图 2-4 所示。

图 2-4 百度搜索页面

提示:利用 filetype 搜索命令,搜索式应为:_____。

④ 利用百度搜索关于电子商务发展的现状及趋势的视频。

第 1 步:搜索位于腾讯视频站点中的"电商风云纪录片",输入如图 2-5 所示的关键词,并查看搜索结果。

图 2-5 电商风云纪录片搜索结果

第 2 步:搜索网易公开课(open.163.com)中关于电子商务的内容,应在百度搜索输入栏中输入的搜索式为:_____,搜索结果有(请列举至少3 个):_____。

 拓展练习

(1)熟练利用特殊搜索命令。

(2)熟练掌握百度常见高级搜索技巧。

 任务小结

一、学习笔记(记录个人在任务练习中对知识、技能的掌握情况及体会与思考)

_____

_____

_____

_____

_____

_____

_____

_____

_____

_____

_____

_____

_____

_____

_____

二、任务考核

搜索引擎工具使用方法与技巧学习考核具体内容见表 2-1。

表 2-1　搜索引擎工具使用方法与技巧学习考核

职业能力	评价指标	任务完成情况	备注
掌握搜索引擎及特殊搜索命令;掌握百度常见高级搜索技巧	熟悉常见搜索引擎及网址,关键词设置合理		
	熟练使用特殊搜索命令并能快速查找想要的信息		
	熟悉常见高级搜索技巧,根据网址浏览获取信息		
自我管理能力	掌控时间能力		
	学习积极性		
交流能力	有效与他人沟通		
	团队合作精神		
创新能力	发现并解决常规问题能力		
	推出新的有价值的思路方法		
小组评价			
教师评价			
成绩		签字:	

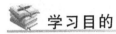

任务二　网络商务信息的检索

学习目的

（1）了解网络商务信息的定义；

（2）了解网络商务信息的特点；

（3）能够进行网络商务信息的采集及处理；

（4）增强市场调研及分析的意识。

任务提出

芳芳从职校毕业后，想在网上开一家"素肌美人精油批发中心"网店，需要利用搜索引擎、电子公告板 BBS、新闻组、免费邮件列表、微信等，调查消费者需求信息及精油产品方面的商务信息。

相关知识

一、网络商务信息的定义

网络商务信息是指存储于网络并在网络上传播的与商务活动有关的各种信息的集合，是各种网上商务活动之间相互联系、相互作用的描述和反映，是对用户有用的网络信息。在商务活动中，信息通常指的是商业消息、情报、数据、密码、知识等。网络商务信息限定了商务信息传递的媒体和途径。只有通过计算机网络传递的商务信息，包括文字、数据、表格、图形、影像、声音及内容能够被人或计算机查知的符号系统，才属于网络商务信息。信息在网络空间的传递称为网络通信，在网络上停留称为存储。

二、网络商务信息的特点

1. 时效性强

传统的商务信息，由于传递速度慢、传递渠道不畅，经常导致"信息获得了但也失效了"的局面。网络商务信息可有效地避免这种情况。由于网络信息更新及时，传递速度快，只要信息搜集者及时发现信息，就可以保证信息的时效性。

2. 准确性高

绝大部分网络信息是通过搜索引擎找到信息发布源获得的。在这个过程中，减少了信息传递的中间环节，从而减少了信息的误传和更改，有效地保证了信息的准确性。

3．便于存储

现代经济生活的信息量非常大，如果仍然使用传统的信息载体，存储难度相当大，而且不易查找。网络商务信息可以方便地从因特网下载到计算机上，通过计算机进行信息的管理。而且，在原有的各个网站上，也有相应的信息存储系统。计算机上的信息遗失后，还可以到原有的信息源中再次查找。

4．检索难度大

虽然网络系统提供了许多检索方法，但全球范围的各行各业的海量信息，常常把企业营销人员淹没在信息海洋或者说信息垃圾之中。在浩瀚的网络信息资源中，迅速地找到需要的信息，经过加工、筛选和整理，把反映商务活动本质的、有用的、适合本企业情况的信息提炼出来，需要相当一段时间的培训和经验。对于现代企业来说，如果把人才比作企业的支柱，那么信息则可看作是企业的生命，是企业不可须臾离开的法宝。网络商务信息，不仅是企业进行网络营销决策和计划的基础，而且对于企业的战略管理、市场研究及新产品开发都有着极为重要的作用。

采集网络商务信息的途径有搜索引擎、电子邮件、电子公告板 BBS、新闻组、信息搜集软件（很多是收费的）、通信软件（如 QQ、微信）等，主要是利用搜索引擎和电子邮件采集。

任务实施

① 通过搜索工具了解网络消费者的特征，如利用百度搜索，如图 2-6 所示。

图 2-6　消费者需求调查

利用 Google、一搜、中搜搜索到的结果相同吗？_____

百度搜索到的相关信息：_____篇；

Google 搜索到的相关信息：_____篇；

一搜搜索到的相关信息：_____篇；

中搜搜索到的相关信息：_____篇。

② 利用公告栏(BBS)搜集商务信息。

第1步：登录 BBS 搜集信息。推荐网站：中国电子商务网（www.cebn.cn），页面如图 2-7 所示。

图 2-7 中国电子商务网页面

第2步：利用分类查阅进行相关信息的搜集。

第3步：可以通过 BBS 主动发布信息，如图 2-8 所示。

注册免费会员		发布产品		发布供应信息		发布求购信息	
最新求购	最新供应	最新产品	新入企业	明星企业			
求购回收染料 回收废旧粘胶剂			03-30	求购钛白粉 色粉回收13832036785			03-30
求购油漆、油墨回收			03-30	求购液晶屏总成苹果6代背光			03-30
求购华为荣耀3X液晶总成小米4			03-30	求购iPhone6代触摸排线			03-30
求购西门子6ES7 153-1AA03-0xB0			03-30	求购西门子6ES7 322-1HH01-0AA0			03-30
求购西门子6ES7 331-7PF01-0AB0			03-30	求购西门子6ES7321-1BL00-0AA0			03-30
求购西门子6AV6 642-0BA01-1AX1			03-30	求购西门子6ES7 331-7KF02-0AB0			03-30
求购富士nxt二代8MM16MM飞达			03-30	求购松下cm602吸嘴230cs吸嘴			03-30

图 2-8 BBS 发布信息

第4步：与电子商务有关的 BBS 论坛还有：_____

_____

③ 利用邮件列表搜集商务信息。

第1步：登录邮件列表网站。例如，希网网络邮件列表（www.cn99.com），如图 2-9 所示。

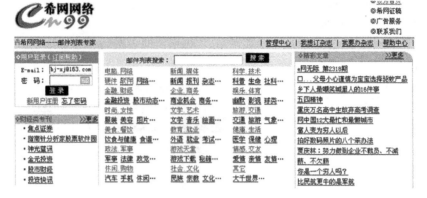

图 2-9　希网网络

第 2 步：进入申请邮件列表页面进行新用户注册，登录邮件列表，查找订阅杂志，如图 2-10 所示。

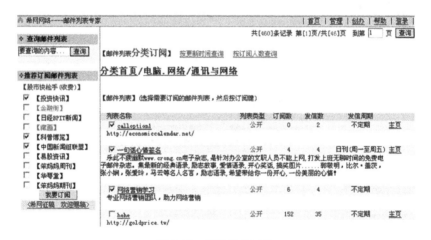

图 2-10　登录邮件列表

第 3 步：通过邮件阅读订阅的杂志，同时可能收到相应的商务邮件广告或商务动态信息。

④ 利用新闻组搜集商务信息。

第 1 步：登录新闻组网站。推荐网站：新帆新闻组（news. newsfan. net）、微软中文新闻组（msnews. microsoft. com）、CN99（news. cn99. com）、万千新闻组（news. webking. com. cn）。

第 2 步：用邮箱添加新闻组。

打开 Outlook Express（简称 OE），单击"工具—账户"，在弹出的"Internet 账户"对话框中点击"添加—新闻"，如图 2-11 所示。

图 2-11 邮箱新闻组添加

第 3 步:在弹出的"Internet 连接向导"对话框中输入电子邮箱、新闻组服务器的地址等信息,如图 2-12 所示。

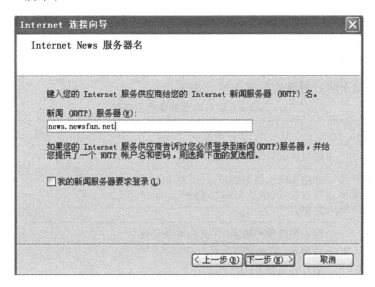

图 2-12 Internet 连接向导

第 4 步:通过 OE"工具—新闻",选择喜欢的新闻组进行预订。

 拓展练习

通过下面的练习,巩固本任务的知识要点。

(1) 利用搜索引擎,尝试搜索镇江市山地自行车的买家和卖家情况。

(2) 通过其他方法,尝试获取并筛选出镇江市山地自行车的买家和卖家情况。

 任务小结

一、学习笔记（记录个人在任务练习中对知识、技能的掌握情况及体会与思考）

_____

_____

_____

_____

_____

_____

_____

_____

二、任务考核

商务信息检索学习考核的具体内容见表2-2。

表2-2　商务信息检索学习考核

职业能力	评价指标	任务完成情况	备注
掌握网上获取和筛选信息的能力；能够撰写市场调研总结报告	使用搜索引擎查找信息，关键词恰当		
	能根据网址浏览获取信息，利用 BBS 发布信息，利用免费邮件列表、新闻组搜集信息		
	能了解消费者需求，客观准确地把握市场动态，撰写报告字数不低于 800 字		
自我管理能力	掌控时间能力		
	学习积极性		
交流能力	有效与他人沟通		
	团队合作精神		
创新能力	发现并解决常规问题能力		
	推出新的有价值的思路方法		
小组评价			
教师评价			
成绩		签字：	

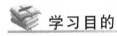

任务三 评估和存储网络商务信息

 学习目的

（1）能够进行网络商务信息的分类、整理；
（2）能够进行网络商务信息的分析、评估；
（3）能够进行网络商务信息的存储；
（4）具有信息分析、处理的能力。

 任务提出

网络的商务信息是无穷无尽的，要在其中筛选出自己需要的，找到最真实可靠的信息，就需要对信息进行判定和评估。芳芳在网上找到了"精油"产品方面的商务信息，需要对这些信息进行分类、整理、分析、评估和存储。

相关知识

一、网络商务信息的分级

不同的网络商务信息对不同用户的使用价值（效用）不同，从网络商务信息本身所具有的总体价格水平来看，可以将其粗略地分为 4 个等级：

第一级：免费商务信息。

这些信息主要是社会公益性的信息。对社会和人们具有普遍服务意义的信息，大约只占信息库数据量的 5％。这类信息主要是一些信息服务商为了扩大自身的影响，从产生的社会效益上得到回报，推出的一些方便用户的信息，如在线免费软件、实时股市信息等。

第二级：低收费信息。

这些信息属于一般性的普通类信息。这类信息的采集、加工、整理、更新比较容易，花费较少，是较为大众化的信息。这类信息约占信息库数据量的 10％～20％，只收取基本的服务费用，不追求利润，如一般性文章的全文检索信息。信息服务商推出这类信息的目的一方面是体现社会普遍服务意义，另一方面是为了提高市场的竞争力和占有率。

第三级：收取标准信息费的信息。

这些信息属于知识、经济类信息，采用成本加利润的资费标准收取费用。这类信息的采集、加工、整理、更新等比较复杂，要花费一定的费用。同时信息的使用价值较高，提供的服务层次较深。这类信息约占信息库数据量的 60％，是信息服务商的主要服务范

围。网络商务信息大部分属于这一范畴。

第四级：优质优价的信息。

这类信息是有极高使用价值的专用信息，如重要的市场走向分析、网络畅销商品的情况调查、新产品新技术信息、专利技术及其他独特的专门性的信息等，是信息库中成本费用最高的一类信息，可为用户提供更深层次的服务。一条高价值的信息一旦被用户采用，将会给企业带来较高的利润，给用户带来较大的收益。

二、网络信息的整理

通常在网络上搜集到的和储存的信息是零散的，不能反映系统的全貌，甚至可能还有一些是过时的甚至无用的信息。通过合理分类、组合、整理，可以使片面的信息转变为较为系统的信息，这项工作一般分为以下几个步骤：

① 明确信息来源。下载信息时，由于各种原因而没有将网址准确记录下来，这时首先应查看前后下载的文件中是否有同时下载的信息来源。如果没有域名接近的文件，应尽量回忆下载站点，以便以后还可以再次查询。对于重要的信息，一定要有准确的信息来源，没有下载信息来源的要重新检索。

② 浏览信息，添加文件名。从因特网上下载的文件，由于时间的限制，一般都沿用原网站提供的文件名，这些文件名很多是由数字或字母构成的，使用起来很不方便。因此，从网上下载文件后，要将文件重新浏览一遍，并添加文件名。

③ 分类。从因特网上搜集到的信息往往非常零乱，必须通过整理才能够使用。分类的办法可以采用专题分类，也可以建立自己的查询系统。将各种信息进行分类，必须明确所定义的类特征。有了清晰的类特征定义，信息分类就变成类特征的识别与比较：把具有相同类特征的信息分为同一类。除了分类处理之外，往往还需要进一步做信息排序处理：各类之间要有类的排序，每个类别的内部要有内事项的排序。在分类和排序的基础上，还应当编制信息的储存索引。这样，用户就可以按照索引的引导快速查询出需要的信息。

④ 初步筛选。在浏览和分类过程中，应对大量的信息进行初步筛选，确定完全没有用的信息应当及时删除。应当注意的是，有时有些信息单独看起来是没有用的，但是综合许多单独信息，就可能发现其价值。比如市场销售趋势须在数据的长期积累和一定程度的整理后才能表现出来。还有一些信息表面上是相互矛盾的，例如，对于新闻纸的市场行情，检索到的结果可能会出现两种情况：一类信息说明，新闻纸供大于求，另一类信息则说新闻纸供不应求，这时就要先把这些信息进行科学的分类整理，然后进行加工处理。

三、网络信息的加工处理

网络信息的加工处理是指将各种信息进行比较、分析，并以自己的初衷为基本出发点，发挥个人的才智，进行综合设计，形成新的有价值的个人信息资源，如个人专业资源信息表等。信息加工的目的是进一步改变或改进信息利用的效率，使其向着最优化发展。因此，信息加工处理是一个信息再创造的过程，它并不是停留在原有信息的水平上，而是通过智慧的参与，加工出能帮助人们了解和控制下一步计划的程序、方法、模型等信息产品。

从网络上得到的信息有时候是自相矛盾的,还有一些可能是商业对手散布的用来迷惑竞争者的虚假信息。对于上面提到的关于新闻纸的两类信息,就需要进行人工处理。首先要对这两类信息的发源地、发布时间等进行比较,如果发源地和时间都基本相同,就要参考其他信息来进行比较,最终获得真正有价值的信息。

网络信息处理的类型有以下几种:

（1）为提高效率而进行的网络信息处理

这种处理方式主要是指对信息进行压缩,即去除信息中的多余成分或次要成分,留下信息的主要成分。当然,压缩的前提是保证信息的失真不超过允许的限度。目前所采用的信息压缩技术完全局限在语法信息的范畴。处理的主要原理是消除语法信息中的统计相关性和改变统计分布,具体通过有效性编码来实现。

新一代的信息压缩技术可突破语法信息的限制,深入到语义信息和语用信息的范畴。换句话说,信息中哪些成分重要,哪些成分次要,不是仅从"恢复波形"这样一个纯语法信息的角度来判断的,而主要是从语义信息（信息的逻辑含义）和语用信息（信息的效用价值）的角度来判断的。因此,基于语义和语用信息分析的信息压缩必定比基于语法信息分析的信息压缩更为有效。

（2）为提高抗扰性而进行的网络信息处理

为了提高网络信息的抗扰性,也必须对信息进行处理。干扰是必然存在的,并且干扰会使信息产生差错。无论在信息的传输过程中还是在信息的存储过程中,干扰的出现都会造成信息的变异,形成差错。克服干扰影响的方法在于增强信息的抗干扰能力及容错能力,具体的途径是对信息进行抗干扰编码。目前,实现抗干扰编码及容错功能设计的一般原理仅局限在语法信息的范畴。因此,只能通过在信息语法结构中加入一些附加的成分,使新的语法结构具有较强的约束关系。

（3）为提高信息纯度而进行的网络信息处理

从基于语义和语用信息的观点来看,对具体的主体而言,有的信息是有用的,有的无用,有的甚至有害。区别其有用、无用还是有害,主要取决于主体的特定目的或目标。另一方面,对任何特定主体来说,有用信息与无用信息或有害信息往往都同时存在或互为背景。因此,为了取出有用信息,抑制无用或有害信息,就需要提高信息的纯度。到目前为止,在这一方面所发展的网络信息处理也基本局限在语法信息的范畴内。其中,过滤和识别是最典型的处理技术。

（4）为提高安全度而进行的网络信息处理

这里的安全,就是信息保护,是指信息不被未授权者所获得,必须对信息进行处理,把"明码"变换成"密码"。这样,即使未授权的用户接收到密码,但由于不知道如何把"密码"反变换成为"明码",还是不能获得真正的信息,从而实现信息保护的目的。

把"明码"变换成为"密码"的过程称为信息加密或保密过程,把"密码"反变换成"明码"的过程称为信息解密或破密过程。加密和解密是一对矛盾体,二者相互促进,相辅相成。

任务实施

① 根据需求搜索"精油"品牌产品的相关信息,如图 2-13 所示。

图 2-13 "精油"品牌产品相关信息

② 对上述查询到的网上商务信息进行处理,并填写表 2-3。

表 2-3 网上商务信息处理

	适合做参考的商务信息	应淘汰的商务信息
时间		
内容		
来源		

③ 对信息进行评估。

a. 针对商务信息进行分类,如行业信息、技术信息、产品信息等。

b. 针对行业信息,可直接参考行业报告及政府或该行业大型门户网站进行研究。

c. 针对技术信息,有专门的技术交流及成功案例等展示,也可以从技术评估指标、实用价值等方面进行衡量。

d. 针对产品信息,一般从产品的介绍、展示的图片或多媒体方式的宣传文件等方面进行全面比较。

经过分析,目前十大精油品牌分别是:_____

_____

④ 存储商务信息。

将有价值的信息进行保存,有两种方式:一种是只保存页面文字,一种是保存包括图片在内的全部页面内容。信息保存页面如图 2-14 所示。

图 2-14 信息保存页面

其他的保存类型还有: _____

 拓展练习

通过下面的练习,巩固本任务的知识要点。

(1)对查询到的山地自行车商务信息进行分级处理。

(2)认真筛选查询到的山地自行车信息,经过处理留下最重要的信息。

 任务小结

一、学习笔记(记录个人在任务练习过程中对知识、技能的掌握情况、体会与思考)

_____

_____

_____

_____

_____

_____

_____

_____

二、任务考核

评估和存储网上商务信息学习考核的具体内容见表 2-4。

表 2-4　评估和存储网上商务信息学习考核

职业能力	评价指标	任务完成情况	备注
评估和存储网上商务信息能力	能够进行网上商务信息的分类、整理		
	能够进行网上商务信息的分析、评估		
	能够进行网上商务信息的存储		
自我管理能力	掌控时间的能力		
	学习积极性		
交流能力	有效与他人沟通		
	团队合作精神		
创新能力	发现并解决常规问题的能力		
	推出新的有价值的思路方法		
小组评价			
教师评价			
成绩	签字：		

项目三

3

电子支付与安全交易

本项目通过开通网上银行、申请安装数字证书及使用在线支付等任务,介绍了电子商务安全交易的保障措施及方法,讲解了电子商务相关交易的注意事项。

- **知识目标**:了解网上银行的相关知识;

  掌握网上银行的申请与使用的方法;

  掌握数字证书的申请与使用的方法;

  了解在线支付的方式及流程;

  掌握在线支付的使用方法。
- **技能目标**:能够申请并使用网上银行、数字证书。
- **素养目标**:具备一定的网络安全风险意识;

  了解电子支付安全性,能够进行安全电子交易。

任务一　个人网上银行账户申请

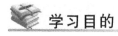

学习目的

（1）了解网上银行的定义、内容及特点；
（2）掌握网上银行的申请及使用方法；
（3）培养感恩的情怀。

任务提出

小强大学毕业后找了份不错的工作，他想在网上给父母买一份礼物，于是在中国工商银行办理了一张存折，但是没有开通个人网上银行账户。请你在网上帮助他开通个人网上银行账户。

相关知识

一、网上银行的定义

网上银行（Internet bank 或 E-bank），是在 Internet 上的虚拟银行柜台，是指银行利用 Internet 技术向客户提供开户、查询、对账、行内转账、跨行转账、信贷、网上证券、投资理财等传统服务项目，使客户足不出户就能够安全便捷地管理活期和定期存款、支票、信用卡及个人投资等。

二、网上银行的特点

1. 全面实现无纸化交易

使用网上银行后，以前使用的票据和单据大部分被电子支票、电子汇票和电子收据所代替；原有的纸币被电子货币，即电子现金、电子钱包、电子信用卡所代替；原有纸质文件的邮寄变为通过数据通信网络进行传送。

2. 服务方便、快捷、高效、可靠

通过网上银行，用户可以享受到方便、快捷、高效和可靠的全方位服务，可在任何需要的时候使用网上银行的服务，不受时间、地域的限制，即实现"3A"（Anywhere、Anyhow、Anytime）服务。

3. 经营成本低廉

由于采用了虚拟现实信息处理技术，网上银行可以在保证原有的业务量不降低的前提下，减少营业点的数量。

4. 简单易用

网上 E-mail 通信方式也非常灵活方便,便于客户与银行之间,以及银行内部间的沟通。与传统银行业务相比,网上银行业务有许多优势。

三、网上银行业务类型

目前,网上银行业务一般分为三类。第一类是信息服务,主要宣传银行能够给客户提供的产品和服务,包括存贷款利率、外汇牌价查询、投资理财咨询等。这是银行通过互联网提供的最基本的服务,一般由银行独立的服务器提供。这类业务的服务器与银行内部网络无链接路径,风险较低。

第二类是客户交流服务,包括电子邮件、账户查询、贷款申请、档案资料(如住址、姓名等)定期更新。该类服务使银行内部网络系统与客户之间保持一定的链接,银行必须采取合适的控制手段,监测和防止黑客入侵银行内部网络系统。

第三类是交易服务,包括个人业务和企业业务两类。这是网上银行业务的主体。个人业务包括转账、汇款、代缴费用、按揭贷款、证券买卖和外汇买卖等。企业业务包括结算业务、信贷业务、国际业务和投资银行业务等。银行交易服务系统的服务器与银行内部网络直接相连,无论从业务本身还是网络系统安全的角度,均存在较大风险。

四、网银安全控件

"网上银行安全控件"是银行为保护网上银行客户交易数据而推出的浏览器控件,旨在提升客户网上交易的安全性。"网上银行安全控件"集键盘输入保护、鼠标输入保护、脚本接口保护、进程权限保护、SSL 增强保护等多种功能于一体,能够有效地防止木马、病毒等非法程序窃取用户的账户密码和交易信息,保证用户的账户安全。

五、网上银行的功能

网上银行系统从功能上一般划分为三大部分,即企业网上银行子系统、个人网上业务子系统及内部管理子系统,每个子系统都按需要设置不同的系统功能。

1. 企业网上银行子系统

目前,企业网上银行子系统能够支持所有的对公企业客户,为客户提供网上财务信息服务、资金划拨、网上 B2B 支付和批量支付等服务,使集团公司总部对其分支机构的财务活动进行实时监控,随时获得其账户的动态情况,同时还能为客户提供网上 B2B 支付。在客户办理了网上银行开户之后,为其发放以 IC 卡为存储介质的客户安全证书。客户安装网上银行客户端安全代理后,可以通过互联网直接登录到网上银行。网上银行的安全认证系统对客户证书进行认证,认证完成便可以进行网上交易。此外,客户在提交支付(支付指令、B2B 支付和批量支付)时,系统还会提示其进行电子签名,以保证交易的唯一性和不可否认性,保证客户交易的安全。

2. 个人网上业务子系统

个人网上业务子系统主要提供信用卡、各种银行卡、本外币活期一本通客户账务管理、信息管理、网上支付等功能,是网上银行对个人客户服务的窗口。其具体业务功能包括以下 6 个方面:

（1）账户信息查询

系统为客户提供信息查询功能，能够查询信用卡和银行卡的余额，以及活期一本通的不同币种的钞、汇余额；提供信用卡和银行卡在一定时间段内的历史明细数据查询；下载包含信用卡和银行卡、活期一本通一定时间段内的历史明细数据的文本文件；可查询使用信用卡进行网上支付后的支付记录。

（2）人民币转账业务

系统能够提供个人客户本人的或与他人的信用卡和银行卡之间的卡卡转账服务。系统在转账功能上严格控制了单笔转账最大限额和当日转账最大限额，使客户的资金安全有了一定的保障。在对他人转账时，系统要求客户输入转出账户的姓名和卡号，并输入转账所需的网上银行支付密码。在转账成功后，客户可以马上查询本人账户余额，确认转账后的账户余额变动。

（3）银证转账业务

系统提供信用卡和银行卡客户在网上进行银证转账的功能，可以实现银转证、证转银、查询证券资金余额等功能。

（4）外汇买卖业务

系统提供客户通过网上银行系统进行外汇买卖的功能，主要可以实现外汇即时买卖、外汇委托买卖、查询委托明细、查询外汇买卖历史明细、撤销委托等功能。

（5）账户管理业务

系统提供客户对本人网上银行各种权限功能、客户信息的管理及账户的挂失。客户可以冻结或解冻本人的某个账户的网上银行支付权限，更换本人登录用的卡号，冻结某一个账户已有的网上银行权限，比如是否能够转账，是否能够外汇买卖，是否能够银证转账等。

（6）B2C 网上支付

个人客户在申请开通网上支付功能后，能够使用本人的信用卡进行网上购物的电子支付。通过账户管理功能，客户还能够随时选择使用信用卡来进行网上支付。

3．内部管理子系统

内部管理子系统是整个网上银行系统用来进行全行范围内的信息维护的管理界面，通过银行内部网进行本地或异地的实时管理。系统内置总行、省行、市行三类七级柜员，实现纵向逐级管理、横向互相审核监督的管理机制。

（1）柜员管理

系统在每一类主管柜员处设置柜员管理功能，提供柜员的增加、删除、修改、冻结等功能。每个操作都必须由一个柜员实施，由另一个柜员进行审核。柜员的操作将记入柜员操作日志，以供日后监督之用。

（2）客户管理

系统的客户管理功能提供对网上银行系统的个人客户、企业客户及 B2C 和 B2B 的商户进行开户、信息维护、冻结/解冻等，重要操作必须由经办柜员操作，然后由主办柜员审核方能生效。每一个相关的操作都将写入操作日志，以供日后监督。

（3）事后监督

系统提供详细的柜员操作日志、客户交易日志的查询功能，以供柜员管理监督。柜员可以通过客户、柜员信息、交易和操作时间、交易和操作类型等各种条件进行组合查询。

（4）系统设置

系统提供从总行到市行的多级系统参数设置。总行设置的系统参数（如转账限额）会影响全国网上银行系统，各地区自己设置的参数（比如外汇买卖最小限额等）会影响该地区的设置。通过系统设置功能，使网上银行系统对客户的服务做到各地区灵活的配置。

六、常见网上银行

1. 招商银行（www.cmbchina.com）

招商银行（China Merchants Bank）成立于 1987 年 4 月 8 日，是中国第一家完全由企业法人持股的股份制商业银行，总行设在深圳。招商银行由香港招商局创办，并以 18.03％的持股比例任最大股东，是中国内地规模第六的银行。自成立以来，招商银行先后进行了 4 次增资扩股，并于 2002 年 3 月成功地发行了 15 亿普通股，2002 年 4 月 9 日在上交所挂牌，是国内第一家采用国际会计标准的上市公司。招商银行开设有一卡通、一网通、信用卡、金葵花理财等产品和服务。2009 年以来，招商银行先后被波士顿咨询公司列为净资产收益率全球银行之首，并获福布斯网站公布的全球最具声望大企业 600 强第 24 位。

2. 中国工商银行（www.icbc.com.cn）

中国工商银行全称为中国工商银行股份有限公司（Industrial and Commercial Bank of China Limited，简称 ICBC 或工行），成立于 1984 年 1 月 1 日，总部设在北京。该行是在中国人民银行专门行使中央银行职能的同时，从中国人民银行分离出来的专业银行，还是香港中资金融股的七行五保（前称六行三保）之一。中国工商银行是中央四大行之一，是全球市值最大的银行，也是世界 500 强企业之一。2013 年 4 月 18 日，福布斯网站 2013 全球企业 2000 强榜单出炉，中国工商银行超越埃克森美孚，成为全球最大企业。2014 年 2 月 14 日，世界百强银行名单出炉，中国工商银行名列榜首，其资产数额达 3.062 万亿美元。2014 年 7 月 7 日，中国工商银行以 427 亿美元的利润，在世界 500 强公司中排第 25 位。

3. 中国建设银行（www.ccb.com）

中国建设银行（China Construction Bank，简称 CCB 或建行），原名为中国人民建设银行，1996 年 3 月 26 日更名为中国建设银行，成立于 1954 年 10 月 1 日，是股份制商业银行，国有五大商业银行之一。中国建设银行拥有广泛的客户基础，与多个大型企业集团及中国经济战略性行业的主导企业保持着银行业务联系，营销网络覆盖全国的主要地区。2013 年 10 月 29 日，中国建设银行（欧洲）有限公司及中国建设银行卢森堡分行在卢森堡开业。2013 年 6 月末，建设银行市值为 1767 亿美元。2014 年 5 月 8 日，2014 年福布斯全球企业 2000 强榜单出炉，建行位居全球第二大企业。

4. 中国农业银行（www.abchina.com.cn）

中国农业银行（Agricultural Bank of China，简称 ABC 或农行），中国大型上市银行，中国五大银行之一。其最初成立于 1951 年（辛卯年），是新中国成立的第一家国有商业银行,也是中国金融体系的重要组成部分。中国农业银行在中国拥有多家分支机构,总行设在北京,在海外设有境外代理行。2009年,中国农业银行由国有独资商业银行整体改制为现代化股份制商业银行;2010年,其完成"A＋H"两地上市,总市值位列全球上市银行第五位。中国农业银行曾获得"网上银行最具客户忠诚度奖""年度金融机构""最佳现金管理银行""年度银行业最佳营销案例"等多个荣誉奖项。

5. 中国银行(www.boc.cn)

中国银行全称为中国银行股份有限公司(Bank of China Limited,简称BOC),是中国大陆的一家综合性商业银行,成立于1912年2月5日,是中国历史最悠久的银行。中国银行总部设在北京,与中国工商银行、中国农业银行和中国建设银行并称中国大陆的四大国有商业银行,是全球市值第三的银行。中国银行主要经营商业银行业务,包括公司金融业务、个人金融业务和金融市场业务等多项业务。2012年7月,英国《银行家》(The Banker)杂志公布了2012年全球1000家大银行排名,中国银行以1111.73亿美元的资本总额位居第9位。

任务实施

以中国工商银行为例,介绍开通个人网上银行的步骤。

① 了解适用对象和开办条件。

a. 适用对象。

在工行开立本地工银财富卡、理财金账户、工银灵通卡、牡丹信用卡、活期存折等账户且信誉良好的个人客户。

b. 开办条件。

客户开通个人网上银行需提供本人有效身份证件和所需注册的工行本地银行卡或存折。

② 登录中国工商银行网站并进行用户自助注册,填写相关信息资料。

中国工商银行用户注册页面如图3-1所示。

图3-1 中国工商银行用户注册页面

③ 相关软件安装。

第1步：下载安装工行网银助手。

用户下载工行网银助手，该软件将引导用户完成整个证书驱动、控件以及系统补丁的安装。

第2步：运行工行网银助手。

启动安装向导，运行工行网银助手，并根据提示步骤完成相关软件的下载。工行网银助手运行页面如图 3-2 所示。

图 3-2　工行网银助手运行页面

第3步：下载个人客户证书信息。

用户登录个人网上银行，进入"安全中心—U盾管理"，在"U盾自助下载"栏目下载个人客户证书信息到 U盾中。具体步骤如图 3-3 所示。

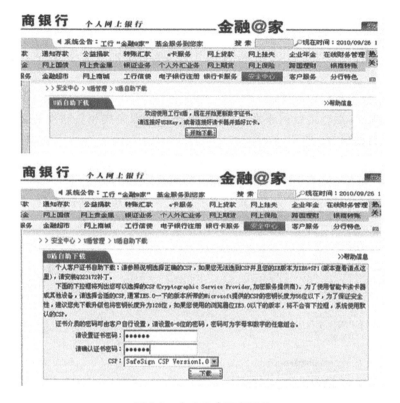

图 3-3　个人客户证书下载

④ 登录个人网上银行。

自助注册后,等到银行审核完成方可登录网上银行,用户登录个人网上银行页面如图 3-4 所示。

图 3-4　个人网上银行登录页面

⑤ 查看个人账户信息。

用户个人账户信息查看页面如图 3-5 所示。

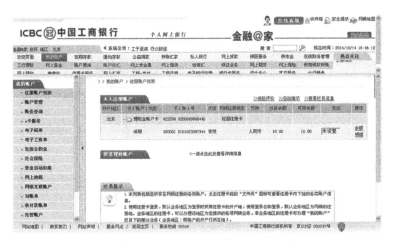

图 3-5 个人账户信息查看

网上银行对个人账户提供的服务还有：_____

_____

_____

 拓展练习

通过下面的练习，巩固本任务的相关知识。

（1）申请中国工商银行个人网上银行账户，并利用网上银行完成一次查询、转账等操作。

（2）申请中国建设银行个人网上银行账户，浏览建行网上业务，并与工行网上业务进行对比。

 任务小结

一、学习笔记（记录个人在任务练习过程中对知识、技能的掌握情况及体会与思考）

_____

_____

_____

_____

_____

_____

_____

_____

_____

二、任务考核

开通个人网上银行账户学习考核具体内容见表 3-1。

表 3-1 开通个人网上银行账户学习考核

职业能力	评价指标	任务完成情况	备注
知识掌握能力	能够成功进行用户自助注册		
	能够安装相关控件并成功登录网上银行		
	能举一反三,及时完成学习笔记及拓展练习		
自我管理能力	掌控时间能力		
	学习积极性		
交流能力	有效与他人沟通		
	团队合作精神		
创新能力	发现并解决常规问题能力		
	推出新的有价值的思路方法		
小组评价			
教师评价			
成绩	签字:		

任务二　数字证书的申请与使用

学习目的

（1）了解数字证书的定义、分类及证书格式；

（2）了解数字证书的发放机构；

（3）掌握数字证书的申请、安装与使用等技术；

（4）培养网络安全意识。

任务提出

小强在某大型企业工作，工作中需要经常使用数字证书发送签名邮件、保护 Office 文档、加密 NTFS 分区等。请你帮助小强在中国数字证书网申请个人数字证书，并用数字证书完成符合上述要求的相关安全防护工作。

相关知识

一、数字证书的定义、分类及证书格式

1. 定义

数字证书就是互联网通信中标志通信各方身份信息的一串数字，提供了一种在 Internet 上验证通信实体身份的方式，其作用类似于司机的驾驶执照或日常生活中的身份证。

2. 分类

基于数字证书的应用角度分类，数字证书可以分为以下几种：

（1）服务器证书（SSL 证书）

服务器证书被安装于服务器设备上，用来证明服务器的身份和进行通信加密。服务器证书可以用来防止欺诈钓鱼站点。

在服务器上安装服务器证书后，客户端浏览器可以与服务器证书建立 SSL 连接，在 SSL 连接上传输的任何数据都会被加密。同时，浏览器会自动验证服务器证书是否有效，验证所访问的站点是否为假冒站点。服务器证书保护的站点多被用来进行密码登录、订单处理、网上银行交易等。全球知名的服务器证书品牌有 Globlesign、Verisign、Thawte、Geotrust 等。

SSL 证书主要用于服务器（应用）的数据传输链路加密和身份认证，绑定网站域名。

最新的高端 SSL 证书产品是扩展验证（EV）SSL 证书。在 IE 7.0、FireFox 3.0、

Opera 9.5等新一代高安全浏览器下,使用扩展验证 VeriSign(EV) SSL 证书的网站的浏览器地址栏会自动呈现绿色,从而清晰地告诉用户正在访问的网站是经过严格认证的。

（2）电子邮件证书

电子邮件证书可以用来证明电子邮件发件人和邮件地址的真实性,但不证明数字证书上面 CN 一项所标识的证书所有者姓名的真实性。

用户收到具有有效电子签名的电子邮件,除了能相信邮件确实由指定邮箱发出外,还可以确信该邮件从被发出后没有被篡改过。

另外,使用接收的邮件证书,用户还可以向接收方发送加密邮件。该加密邮件可以在非安全网络传输,只有接收方的持有者才能打开该邮件。

（3）客户端个人证书

客户端证书主要用来进行身份验证和电子签名。

安全的客户端证书被存储于专用的 USB Key 中。存储于 Key 中的证书不能被导出或复制,且使用 Key 时需要输入 Key 的保护密码。因此使用该证书不仅需要物理上获得其存储介质 USB Key,而且需要知道 Key 的保护密码,它们被称为双因子认证。这种认证手段是目前 Internet 最安全的身份认证手段之一。Key 的种类有多种,如指纹识别、第三键确认、语音报读,以及带显示屏的专用 USB Key 和普通 USB Key 等。

目前,数字证书在广义上可分为:个人数字证书、单位数字证书、单位员工数字证书、服务器证书、VPN 证书、WAP 证书、代码签名证书和表单签名证书。

3. 证书格式

目前数字证书的格式普遍采用的是 X.509V3 国际标准,一个标准的 X.509 数字证书包含以下内容:

① 证书的版本信息;

② 证书的序列号,每个证书都有一个唯一的证书序列号;

③ 证书所使用的签名算法;

④ 证书的发行机构名称,命名规则一般采用 X.500 格式;

⑤ 证书的有效期,目前通用的证书一般采用 UTC 时间格式,它的计时范围为1950—2049;

⑥ 证书所有人的名称,命名规则一般采用 X.500 格式;

⑦ 证书所有人的公开密钥;

⑧ 证书发行者对证书的签名。

依据《电子认证服务管理办法》《中华人民共和国电子签名法》,目前国内有 30 家机构获得相关资质,具体资质可以查询工业和信息化部网站。

作为文件形式存在的证书一般有以下几种格式:

① 带有私钥的证书由 Public Key Cryptography Standards ♯12,PKCS♯12 标准定义,包含公钥和私钥的二进制格式的证书形式,以"pfx"作为证书文件后缀名。

② 二进制编码的证书中没有私钥,DER 编码二进制格式的证书文件,以"cer"作为证书文件后缀名。

③ Base64 编码的证书中没有私钥,其证书文件,也是以"cer"作为证书文件后缀名。

可以看出,pfx 格式的数字证书是包含私钥的,cer 格式的数字证书里面只有公钥没有私钥。

在 pfx 证书的导入过程中有一项是"标志此密钥是可导出的。这将允许用户在稍后备份或传输密钥。"这一项一般是不选中的,如果选中,他人就有机会备份密钥了。如果不选中,其实密钥也导入了,只是不能再次被导出,这就保证了密钥的安全。

如果导入过程中没有选中这一项,在证书备份时"导出私钥"这一项是灰色的,不能选,只能导出 cer 格式的公钥。如果导入时选中该项,则在证书备份时"导出私钥"这一项就是可选的。

导出私钥(pfx)是需要输入密码的,这个密码就是对私钥再次加密,这样就保证了私钥的安全,他人即使拿到了证书备份(pfx),不知道加密私钥的密码,也无法导入证书。相反,如果只是导入导出 cer 格式的证书,就不会提示输入密码。因为一般来说公钥是对外公开的,不用加密。

二、认证中心

1. 认证中心

认证中心(Certificate Authority,简称 CA),也称为电子认证中心,是电子商务的一个核心环节。它采用 PKI(Public Key Infrastructure)公开密钥基础架构技术,专门提供网络身份认证服务,负责签发和管理数字证书,是具有权威性和公正性的第三方信任机构。它就像人们现实生活中颁发证件的公司,如护照办理机构。

作为电子商务交易中受信任的第三方,CA 中心承担公钥体系中公钥的合法性检验的责任。CA 中心为每个使用公开密钥的用户发放一个数字证书,数字证书的作用是证明证书中列出的用户合法拥有证书中列出的公开密钥。CA 机构的数字签名使得攻击者不能伪造和篡改证书。它负责产生、分配并管理所有参与网上交易的个体所需的数字证书,因此是安全电子交易的核心环节。由此可见,建设证书授权(CA)中心,是开拓和规范电子商务市场必不可少的一步。为保证用户之间在网上传递信息的安全性、真实性、可靠性、完整性和不可抵赖性,不仅需要对用户身份的真实性进行验证,也需要有一个具有权威性、公正性、唯一性的机构,负责向电子商务的各个主体颁发并管理符合国内、国际安全电子交易协议标准的电子商务安全证书。

2. 根证书

所谓根证书,是 CA 认证中心与用户建立信任关系的基础,用户的数字证书必须有一个受信任的根证书才是有效的。从技术上讲,证书其实包含三部分:用户的信息、用户的公钥、CA 中心对该证书里面的信息的签名。要验证一份证书的真伪(即验证 CA 中心对该证书信息的签名是否有效),需要用 CA 中心的公钥验证,而 CA 中心的公钥存在于对这份证书进行签名的证书内,故需要下载该证书,但使用该证书验证又需先验证该证书本身的真伪,故又要用签发该证书的证书来验证,这样一来就构成一条证书链的关系,这条证书链在哪里终结呢? 答案就是根证书,根证书是一份特殊的证书,它的签发者是它本身,下载根证书就表明用户对该根证书以下所签发的证书都表示信任,而技术上则是建立起一个验证证书信息的链条,证书的验证追溯至根证书即结束。所以用户在使用自己的数字证书之前必须先下载根证书。

三、数字证书的工作原理

数字证书采用公钥体制,即利用一对互相匹配的密钥进行加密、解密。每个用户自己设定一把特定的仅为本人所知的私有密钥(私钥),用它进行解密和签名;同时设定一把公共密钥(公钥)并由本人公开,为一组用户所共享,用于加密和验证签名。当发送一份保密文件时,发送方使用接收方的公钥对数据加密,而接收方则使用自己的私钥解密,这样信息就可以安全无误地到达目的地了。通过数字的手段保证加密过程是一个不可逆的过程,即只有用私有密钥才能解密。在公开密钥密码体制中,常用的一种是RSA体制。其数学原理是将一个大数分解成两个质数的乘积,加密和解密用的是两个不同的密钥。即使已知明文、密文和加密密钥(公开密钥),想要推导出解密密钥(私有密钥),在计算上是不可能的。按现在的计算机技术水平,要破解目前采用的1024位RSA密钥,需要上千年的计算时间。公开密钥技术解决了密钥发布的管理问题,商户可以公开其公共密钥,而保留其私有密钥。购物者可以用人人皆知的公开密钥对发送的信息进行加密,安全地传送给商户,然后由商户用自己的私有密钥进行解密。

数字证书的工作原理如图3-6所示。

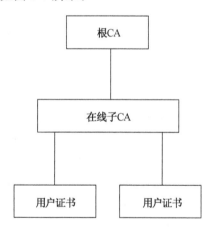

图3-6　数字证书的工作原理示意图

四、我国数字证书认证中心

目前国内的CA认证中心主要分为区域性CA认证中心和行业性CA认证中心。

区域性CA认证中心的代表为两大体系——以广东电子商务认证中心为首的"网证通"认证体系和以SHECA(上海CA)为首的UCA协卡认证体系,此外还有相关地方区域中心等。我国代表性的数字认证中心有广东电子商务认证中心(www. cnca. net)、上海市数字证书认证中心(www. sheca. com)、北京数字证书认证中心(www. bjca. org. cn)、江苏数字证书认证中心(www. jsca. com. cn)……

行业性CA中心则有中国人民银行联合12家银行建立的金融CFCA安全认证中心、中国电信认证中心(CTCA)及海关认证中心(SCCA)、国家外贸部EDI中心建立的国富安CA安全认证中心等。

任务实施

数字证书的申请与使用步骤如下：

1. 在中国数字认证网（www.ca365.com）申请个人数字证书

① 登录中国数字认证网。

中国数字认证网登录页面如图3-7所示。

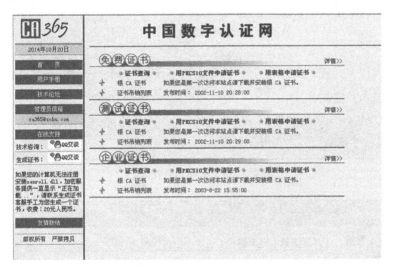

图3-7 中国数字认证网登录页面

② 安装运行控件。

运行控件安装页面如图3-8所示。

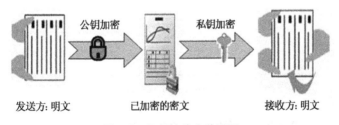

发送方：明文　　　　已加密的密文　　　　接收方：明文

图3-8 运行控件安装页面

③ 下载并安装根 CA 证书。

如果是第一次访问该站点,则需下载并安装根 CA 证书,如图 3-9 所示。

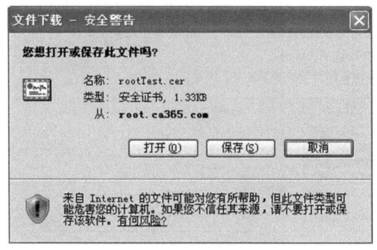

(a) 下载根CA证书

(b) 安装证书

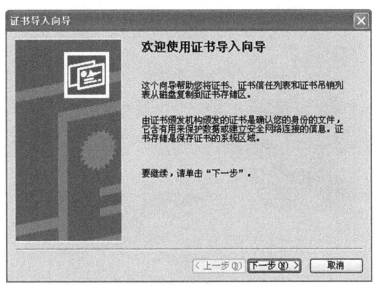

(c) 证书导入向导

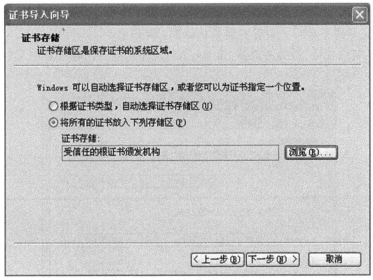

(d) 证书存储

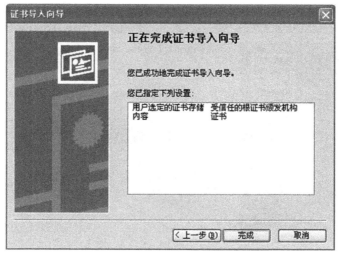

(e) 完成证书安装

图 3-9　下载并安装根 CA 证书

点击"完成"后,弹出一个安全提示信息框,介绍安装证书的颁发机构等,选择"是"选项后完成证书导入。

④ 数字证书的查看——查看安装成功的根 CA 证书。

根证书安装成功后,通过浏览器"工具—Internet 选项—内容—证书"进行查看,如图3-10 所示。

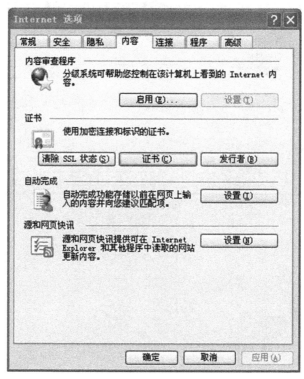

图 3-10　数字证书的查看

可在"受信任的根证书颁发机构"列表中看到安装成功的 CA365 根证书,如图 3-11 所示。

图 3-11 查看安装成功的根证书

选择该根证书,单击"查看"按钮,查看该根证书的具体内容,如图 3-12 所示。

(a) 常规

(b) 详细信息

(c) 证书路径

图 3-12　根证书具体内容的查看

⑤ 申请个人测试数字证书。

第 1 步：选择"测试证书"中的"用表格申请证书"，如图 3-13 所示。

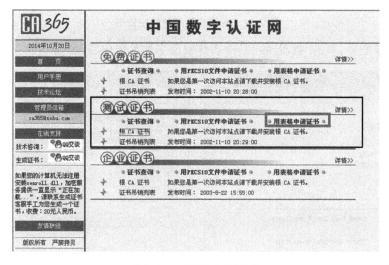

图 3-13　用表格申请证书

第 2 步：填写表格申请相关信息后单击"提交"按钮，即可获得个人数字证书，如图 3-14 所示。

(a) 填写相关信息

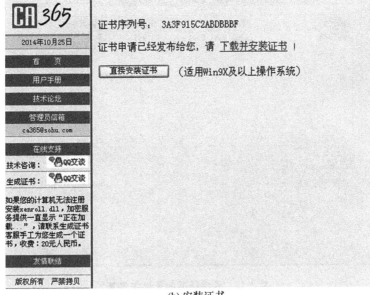

(b) 安装证书

图 3-14 获得个人数字证书

个人证书安装成功后,查看个人数字证书信息并填写表 3-2。

表 3-2 个人数字证书的基本内容

证书内容	描述	证书信息
版本号	证书的发行版本信息	
序列号	证书的唯一编号	
签名算法	用于产生证书所用的方法以及一切参数	
颁发者	发出该证书的认证机构名称	
有效日期起始日期	证书的有效日期	
有效日期终止日期	证书的有效日期	
主题	证书持有人的姓名、服务处所等信息	
公钥	证书的公钥值	
颁发机构密钥标识符	证书颁发者的签名	

⑥ 数字证书的备份与恢复。

数字证书安装成功后可将其导出保存在指定位置或各类移动存储介质中,当电脑中数字证书遭到破坏时,可将其重新恢复,如图 3-15 所示。

在查看证书窗口中,选中需保存的数字证书后,单击"导出"按钮,即可导出数字证书并将其保存在指定位置或介质中。

当需要恢复保存的数字证书时,在查看证书窗口选择"导入"按钮,根据提示选择数字证书保存的路径后即可恢复电脑中遭到破坏的数字证书。

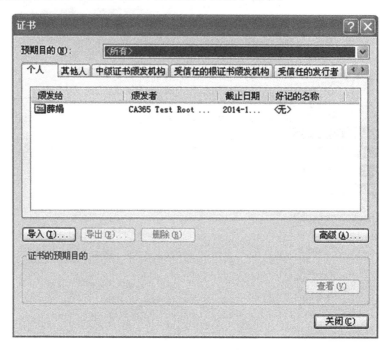

图 3-15　数字证书的备份与恢复

2. 数字证书的使用

数字证书主要应用于各种需要身份认证的场合,目前广泛应用于网上银行、网上交易等商务应用。此外,数字证书还可以应用于发送安全电子邮件、加密文件等方面。以下是10个数字证书最常见的应用实例,从中可以更好地了解数字证书技术及其应用。

(1) 保证网上银行的安全

只要申请并使用了银行提供的数字证书,即可保证网上银行业务的安全,即使黑客窃取了账户密码,因为没有数字证书,所以也无法进入网上银行账户。下面以建设银行的网上银行为例,介绍数字证书的安装与使用。

① 安装根证书。

首先到建设银行营业厅办理网上银行申请手续,然后登录建设银行网站,点击网站"同意并立即下载根证书",在弹出的下载根证书的对话框中,点击"保存",把"root. crt"保存到硬盘上,最后双击该文件,在弹出的窗口中单击"安装证书",即可安装根证书。

② 生成用户证书。

用户的账户信息按照用户存折上的信息进行填写,提交表单,点击"确定"后出现操作成功提示,记住账号和密码。进入证书下载页面,点击"下载",在新画面中选择存放证书的介质为"本机硬盘(高级加密强度)",点击"生成证书"按钮,将询问用户"是否请求一个新证书",接着询问用户"是否要添加新的证书",信任该站点,点击"是",系统将自动安装证书,最后出现"安装成功"画面。

③ 使用数字证书。

生成用户证书后,用户可以使用证书确保网上银行的安全,建议用户把证书保存在U盘上,在使用网上银行时才插到电脑上,防止证书被盗。

重新进入建设银行网站,选择"证书客户登录",选择正确的证书号,输入用户名和密码,即可登录网上银行账户,办理转账、网上速汇通等业务。

(2) 通过证书防范网站被假冒

目前许多著名的电子商务网站,都使用数字证书来维护和证实信息安全。为了防范黑客假冒用户的网站,用户可以到电子商务认证中心申请一个服务器证书,然后安装在自己的网站上。安装成功后,在用户的网站醒目位置将显示"VeriSign 安全站点"签章,并提示用户点击验证此签章。只要用户点击此签章,就会链接 VeriSign 全球数据库验证网站信息,然后显示真实站点的域名信息及该站点服务器证书的状态。这样,他人即可知道用户的网站使用了服务器证书,是真实的、安全的网站,可以放心地在用户的网站上进行交易或提交重要信息。

另外,如果发现某个网站有以下两种标志("https：∥"标志和金色小锁标志),则表明该网站激活了服务器证书,此时已建立了 SSL 连接,用户在该网站上提交的信息将会全部加密传输,因此能确保用户隐私信息的安全。

① 观察网址。

观察要用户提交个人信息页面的网址,是否带有"https：∥"标志(这里的"s"代表安全网站)。

② 网页状态栏是否有金色小锁。

观察网页的状态栏中是否有一把金色小锁,双击该锁会弹出该站点的服务器证书,里面包含了真实站点的域名及证书有效期。如果状态栏中没有金锁或者金锁是打开的,那么表示用户提交的信息将不会被加密。

(3) 发送安全邮件

数字证书最常见的应用就是发送安全邮件,即利用安全邮件数字证书对电子邮件签名和加密,这样既可保证发送的签名邮件不会被篡改,又可保证他人无法阅读加密邮件的内容。现在以 Outlook XP 为例,介绍安全发送邮件的方法。

① 邮件账号与数字证书绑定。

启动 Outlook XP,在主窗口点击菜单"工具—选项—安全",单击"设置"按钮,弹出"更改安全设置"画面(见图 3-16),输入安全设置名称"lacl",勾选默认安全设置,点击"选择"为账户绑定一个数字证书,最后单击"确定"退出。以后发送数字签名邮件时,将使用该证书进行签名。

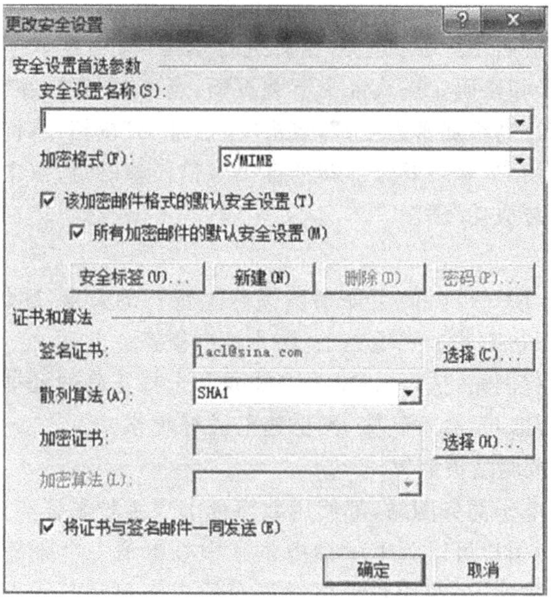

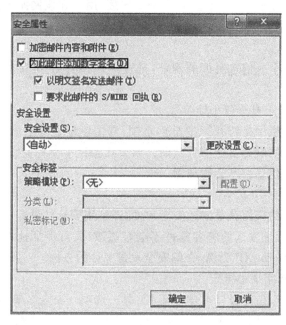

图 3-16　邮件账号与数字证书绑定

② 发送带数字签名的邮件。

单击"新建"进入写邮件窗口,开始撰写一封新邮件。填写发件人、收件人、标题,完成邮件书写,点击工具栏上的"选项"按钮,在邮件选项中,点击"安全设置"按钮,在弹出的窗口中(见图 3-17),勾选"为此邮件添加数字签名",最后点击"发送"把邮件发送出去。

图 3-17　发送带数字签名的邮件

当对方收到并打开该邮件时,将看到"数字签名邮件"的提示信息(见图 3-18),在邮件内容窗口的右边,有个红色的"数字签名"图标,点击图标后可看到数字签名信息,由此便可确认该邮件是发件人本人发出的,并且中途没有被篡改过。

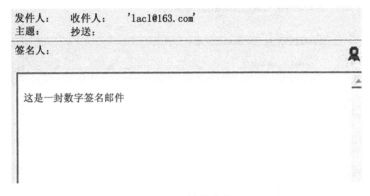

图 3-18 接收邮件

③发送加密邮件。

用户必须首先获得对方的公钥,然后才能发送加密邮件。

a. 获得对方公钥的方法。

用户可以让收件人先发送一份签名邮件来获取对方的公钥,或者直接到电子商务安全认证中心的网站上查询并下载对方的公钥。

b. 创建邮件并发送。

加密邮件的发送方法与发送签名邮件的方法类似,只是用户在点击"安全设置"按钮后,在安全属性窗口中,勾选"加密邮件内容和附件"。

(4) 对付网上投假票

目前网上投票,一般采用限制投票 IP 地址的方法来预防作假,但是电脑断网后重新上网,就会拥有一个新 IP 地址,因此只要用户不断上网和下网,即可重复投票。为了杜绝此类造假,建议网上投票使用数字证书技术,要求每个投票者都安装使用数字证书,在网上投票前要进行数字签名,没有签名的投票一律视为无效。由于每个人的数字签名都是唯一的,即使不断上网、下网,每次投票的数字签名都会相同,因此无法再投假票。

(5) 使用代码签名证书,维护自己的软件名誉

用户可以利用代码签名证书给自己的软件签名,防止他人篡改自己的软件(例如在软件中添加木马或病毒),维护自己的软件名誉。

微软 Authenticode 工具包中有一个"signcode.exe",可以专门给代码签名,能对 32 位的,后缀为.exe(PE 文件),.cab、.dll、.vbd 和.ocx 的文件进行数字签名。用户给自己的程序签名方法:运行"signcode.exe"出现一个向导,先选择要签名的程序文件,在签名选项中,选择"自定义"(见图 3-19);当提示选择使用的签名证书时,单击"从文件选择"按钮,文件类型选择"X.509",选择签名证书"lacl.cer";单击"下一步",然后点击"浏览"安装私钥文件 lacl.pvk;最后在提示用户加入时间戳时,选择"不加入时间戳"。

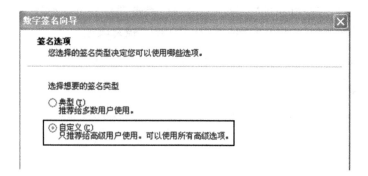

图 3-19 使用代码签名证书

完成签名后,用户可以右击经过数字签名的代码文件,然后选择"属性—数字签名",查看其签名和证书,即可得知该软件是否为用户发布的。

(6) 保护 Office 文档安全

Office 可以通过数字证书来确认来源的可靠性,用户可以利用数字证书对 Office 文件或宏进行数字签名,从而确保它们都是自己编写的,没有被他人或病毒篡改过。

① 用数字证书进行宏的签名。

宏测试完毕确认后,再进行签名。打开包含要签名的宏方案的文件,在"工具—宏—Visual Basic 编辑器—工程资源管理器"中,选择要签名的方案,再点击"工具—数字签名"命令即可。

如果要防止用户因意外修改宏方案而导致签名失效,应在签发之前锁定宏方案。用户的数字签名只能说明用户能保证该方案是安全的,并不能证明是用户编写了该方案。因此,锁定宏方案不能防止其他用户利用另一个签名替换用户的数字签名。

② 用数字证书对文档进行签名。

打开要签名的 Word 文档(Office XP),单击菜单"工具—选项",点击打开"安全性"选项卡(见图 3-20a),单击"数字签名"按钮,给该文件加上数字签名,随之会弹出一个窗口,要求添加用户的数字证书,单击"添加"按钮,从用户的数字证书中选择一个进行添加(见图 3-20b);然后单击"确定"返回,用户的数字证书就添加到该文档中了。

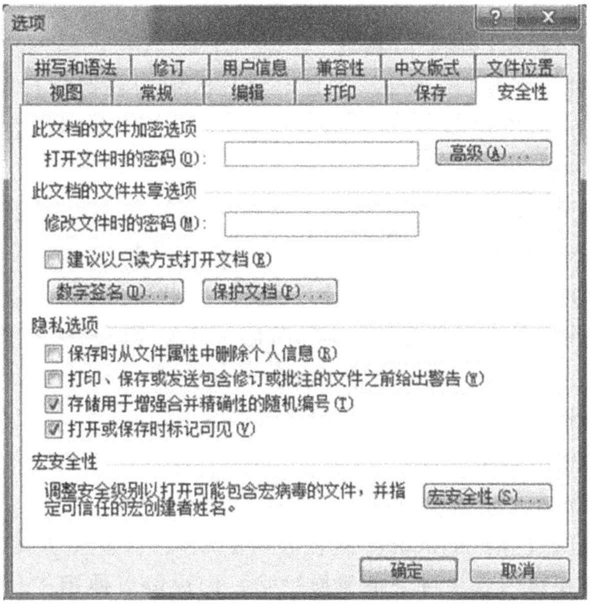

(a) "安全性" 选项卡

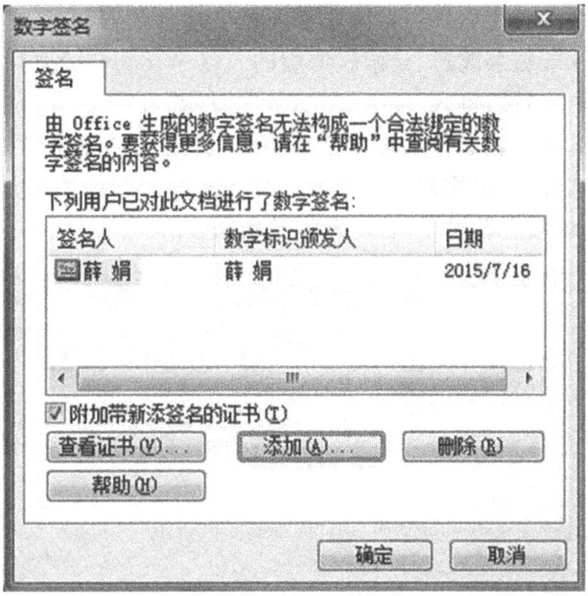

(b) 签名

图 3-20 用数字证书对文档进行签名

若他人打开该文档,单击"工具—选项—安全性",在此处可看到用户的数字证书,那么该文档是用户编写的,因为有用户的数字签名。

为了防止他人修改用户的文档资料,用户还应该在图 3-20a 所示的画面中,给文档添加一个修改权限密码,即在"修改权限密码"对话框中,输入密码"123",最后单击"确定"退出保存。这样当再次打开该文档时,就会要求输入修改权限密码,假如不知道密码,就

不能修改该文档,只能以只读形式打开。

(7) 为加密的 NTFS 分区制作"钥匙"

如果用户的硬盘上有 NTFS 分区,并且对该分区中的数据进行了加密,那么应该及时备份密钥,假如用户没有这样做,以后一旦重新安装系统,用户就会无法访问 NTFS 分区上的加密数据。

备份密钥的方法是:在浏览器中点击"工具—Internet 选项",进入"内容"选项卡,点击"证书"按钮,在打开的"证书"窗口中选中要导出的证书,单击"导出";按照向导的提示,单击"下一步",直至向导询问用户"是否导出私钥",选择"导出私钥"即可,其他的选项均保留默认设置,最后输入该用户的密码和想要保存的路径并确认,导出工作就完成了。

导出的证书是一个以"PFX"为后缀的文件。用户重装系统后,可以找到该 PFX 文件,鼠标右击之并选择"安装 PFX",系统将会弹出一个导入向导,按照提示导入备份密钥,即可打开之前加密的数据文件。

(8) 检查 Windows 是否为微软原版

如果用户想知道自己的 Windows 是否为微软原版,只要验证其核心文件是否被替换过即可,那么如何知道核心文件未被替换过呢? 用户可以使用工具来检查这些文件的数字签名,Windows XP/2000 中有"文件签名验证"工具,Windows 9x 则提供了"系统文件检查器",使用这些工具可以知道系统文件的数字签名状态,假如它们都经过了数字签名,则说明 Windows 未被篡改过、是微软原版的。以 Windows XP/2000 为例,验证的方法:单击菜单"开始—运行",键入"sigverif"打开"文件签名验证"窗口(见图 3-21),然后点击"开始"按钮检查每个系统文件的数字签名,稍后将显示结果窗口,该窗口列出了所有未经过数字签名的文件,如果用户发现列表中有 winlogon. exe,licdll. dll 这两个文件,那么用户的 Windows 就被篡改过了,否则即为微软原版的。

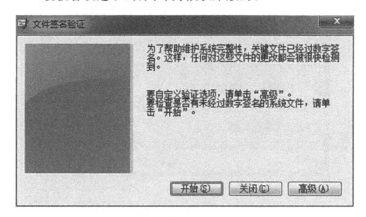

图 3-21　检查 Windows 是否为微软原版

(9) 不再弹出签名验证警告

Windows XP 自带的驱动程序都通过了微软的 WHQL 数字签名,当用户安装未经过微软数字签名的驱动程序时,就会显示警告信息"没有通过 Windows 徽标测试,无法验证它同 Windows XP 的相容性"。如果要求不再弹出驱动程序签名验证警告,用户可以这样设置:单击"开始—设置—控制面板—系统",打开"系统属性"窗口,切换到"硬件"

选项页,点击"驱动程序签名"按钮,弹出一个窗口(见图 3-22),选择"忽略-安装软件,不用征求我的同意(I)",在"系统管理员选项"下,选中"将这个操作作为系统默认值应用(D)"复选框,最后单击"确定"退出。

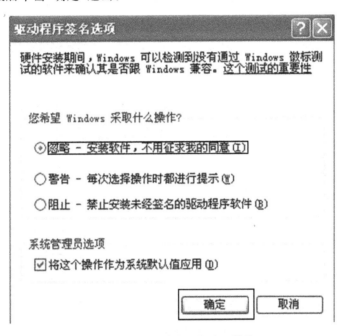

图 3-22　不再弹出签名验证警告

(10) 屏蔽插件安装窗口

众所周知,用浏览器上网浏览时,经常会要求用户安装各种插件,例如,IE 搜索伴侣、百度等。某些用户需要安装这些插件,但假如用户不想安装它们,弹出的这些插件安装窗口,就会让用户感到非常烦恼。其实使用 Windows 的证书机制,把插件的证书安装到"非信任区域",即可屏蔽这些插件的安装窗口。

现以屏蔽 Flash 播放插件为例加以说明。在弹出的 Flash 播放插件安装窗口中,有"其发行者为:",在其下拉列表中有个发行者名称的链接(即"Macromedia"),点击该发行者链接,会出现一个证书窗口,选择"不信任的证书"的选项,把证书安装到"非信任区域",点击"确定",以后就不会再弹出该插件安装窗口了。

 拓展练习

(1) 安装淘宝(支付宝)数字证书,查看、保存数字证书。
(2) 练习数字证书的其他使用操作。

 任务小结

一、学习笔记（记录个人在任务练习过程中对知识、技能的掌握情况及体会与思考）

_____

_____

_____

_____

二、任务考核

数字证书与使用学习的考核内容见表 3-3。

表 3-3　数字证书与使用学习考核

职业能力	评价指标	任务完成情况	备注
知识掌握能力	熟悉根证书的作用,掌握数字证书的申请与安装		
	能够熟练查看数字证书具体信息,掌握数字证书的备份与恢复方法		
	掌握数字证书的使用方法		
自我管理能力	掌控时间能力		
	学习积极性		
交流能力	有效与他人沟通		
	团队合作精神		
创新能力	发现并解决常规问题能力		
	推出新的有价值的思路方法		
小组评价			
教师评价			
成绩		签字:	

任务三　电子支付及使用方法

 学习目的

（1）了解在线支付的定义、方式及基本流程；

（2）了解在线支付的安全性；

（3）掌握在线支付的使用方法。

 任务提出

母亲节即将来临，小强想给母亲网购一份礼品，给母亲送上一份惊喜，为方便网上购物，实现便捷支付，小强在了解在线支付后，决定申请开通支付宝账户。请帮助他申请开通个人支付宝账户，并利用支付宝在线支付为小强的母亲购买节日礼物。

 相关知识

一、在线支付的定义

在线支付是指卖方与买方通过因特网的电子商务网站进行交易时，银行为其提供网上资金结算服务的一种业务。它为企业和个人提供了一个安全、快捷的电子商务应用环境和网上资金结算工具。在线支付不仅帮助企业实现了销售款项的快速归集，缩短了收款周期，同时也为个人网上银行客户提供了网上消费支付结算方式，使客户真正做到足不出户，网上购物。

二、在线支付的方式

1. 网银支付

网银支付是指个人直接登录网上银行进行支付的方式。这种支付方式要求用户开通个人网上银行。用户开通网上银行之后可实现银联在线支付、信用卡网上支付等，如图 3-23 所示。在此种支付方式下，网站需要针对不同的银行开发不同的支付程序，编程工作量很大，并且银行接入规范一旦发生变动，网站程序也要跟着改，维护工作量极大。

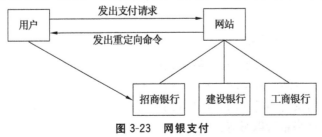

图 3-23　网银支付

2. 第三方支付

第三方支付平台是指与银行(通常是多家银行)签约,并具备一定实力和信誉保障的第三方独立机构提供的交易支持平台,如图 3-24 所示。

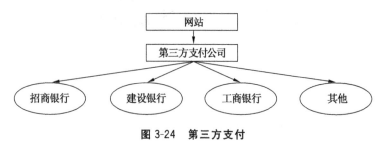

图 3-24　第三方支付

第三方支付是买卖双方在交易过程中的资金"中间平台",是在银行监管下保障交易双方利益的独立机构。作为网络交易的监督人和主要支付渠道,第三方支付平台提供了丰富的支付手段和可靠的服务保证。第三方支付一般的运行模式为:

① 消费者在电子商务网站选购商品,最后决定购买,买卖双方在网上达成交易意向。

② 消费者选择利用第三方支付平台作为交易中介,用借记卡或信用卡将货款划到第三方账户,并设定发货期限。

③ 第三方支付平台通知商家,消费者的货款已到账,要求商家在规定时间内发货。

④ 商家收到消费者已付款的通知后按订单发货,并在网站上做相应记录,消费者可在网站上查看自己所购买商品的状态;如果商家没有发货,则第三方支付平台会通知顾客交易失败,并询问是将货款划回其账户还是暂存在支付平台。

⑤ 消费者收到货物并确认满意后通知第三方支付平台。如果消费者对商品不满意,或认为与商家承诺有出入,可通知第三方支付平台拒付货款并将货物退回商家。

⑥ 消费者满意,第三方支付平台将货款划入商家账户,交易完成;消费者对货物不满意,第三方支付平台确认商家收到退货后,将该商品货款划回消费者账户或暂存在第三方账户中等待消费者下一次交易的支付。

这种支付方式的优缺点如下:

优点:系统只需要与第三方支付公司打交道,第三方支付公司根据用户选择的支付银行,并根据支付银行的接入规范,引导用户与银行对接,从而实现支付。此支付方式最大的优点是,系统只需要与第三方支付公司交互,开发工作量极小。

缺点:由于通过第三方支付公司引导用户支付货款,所以用户的钱会支付给第三方支付公司,网站再与第三方支付公司定期进行资金结算。如果金额较大,资金安全是个大问题,而且这种支付方式会收取一定的手续费,因此这种支付方式只适合月金额在百万以下的公司。

三、在线支付的基本流程

基于 Internet 平台的在线支付一般流程如下:

① 客户接入因特网(Internet),通过浏览器在网上浏览商品,选择货物,填写网络订单,选择应用的网络支付结算工具,并且得到银行的授权使用,如银行卡、电子钱包、电子现金、电子支票或网络银行账号等。

② 客户核对相关订单信息,如对支付信息进行加密,在网上提交订单。

③ 商家服务器对客户的订购信息进行检查、确认,并把相关的、经过加密的客户支付信息转发给支付网关,直到银行专用网络的银行后台业务服务器确认,以期从银行等电子货币发行机构验证得到支付资金的授权。

④ 银行验证确认后,通过建立起来的经由支付网关的加密通信通道,给商家服务器回送确认及支付结算信息,为进一步的安全,给客户回送支付授权请求(也可不回送)。

⑤ 银行得到客户传来的进一步授权结算信息后,把资金从客户账号上转拨至开展电子商务的商家银行账号上,借助金融专用网进行结算,并分别给商家、客户发送支付结算成功信息。

⑥ 商家服务器收到银行发来的结算成功信息后,给客户发送网络付款成功信息和发货通知。至此,一次典型的网络支付结算流程结束。商家和客户可以分别借助网络查询自己的资金余额信息,以进一步核对。

四、在线支付的安全性

央行发布的《电子支付指引》规定,银行通过互联网为个人客户办理电子支付业务,除采用数字证书、电子签名等安全认证方式外,单笔金额不应超过 1000 元人民币,每日累计金额不应超过 5000 元人民币,并规定信用卡的网上支付不得超过提现额度。

1. 网上银行的安全性

在线支付的安全性由银行方面保障,当用户选择了在线支付后,在需要填写银行卡资料时,实际上已经离开本站服务器,到达银行的支付网关。国内各大银行的支付网关,都采用了 SSL 或 SET 方式加密,可以保障用户的任何信息不会被窃取。

各大支付品牌也对此做出了不懈的努力,以 Visa 为例,Visa 确保支付行业安全的策略是,促进相关利益方之间进行更紧密的合作与交流,实施多层次的安全保护。Visa 认为,整个支付行业的安全性并非是由所采取的安全措施来衡量的,而是由支付系统中安全性最薄弱的环节所决定的。也就是说,提高支付系统中各个薄弱环节的抗风险能力才是有效确保整个支付行业安全性的最佳手段。Visa 是通过“三管齐下”的方式来实现其支付安全战略的。

(1)预防

通过采取安全措施防止犯罪集团及其他犯罪分子窃取支付数据。这些措施是长期计划,旨在从支付产业的长远利益考虑,加强支付基础设施的建设计划。这是一项需要持续开展的计划,目的是保护持卡人的账户数据,使其免遭欺诈罪犯的窃取,并通过采用动态数据加密确保支付数据对犯罪分子而言失去价值。这是今后进行风险管理工作的重点领域。

(2)保护

防止犯罪集团及其他犯罪分子利用窃得的数据实施犯罪行为。保护措施包括:在不同 POS 环境下实施验证计划,防止被窃账户数据的使用。该计划属于中期计划,目的是进一步确保对持卡人的安全保护和身份验证,确保支付系统只接受真实可信的交易。

(3)响应

通过对事件的监测和管理,减少其对支付行业的影响,为应对当前的挑战,防止进一

步损失提供战术上的支持。具体包括欺诈监测、共同购物点（CPP）的侦测、对所有利益相关方的培训和教育，以及促进业内互信、合作伙伴关系及合作的行动。

2. 支付宝的安全性

作为国内最大的第三方支付平台，支付宝的做法更加完善。在 2006 年 7 月，支付宝就推出"支付宝认证"服务，对所有使用支付宝的用户进行双重身份认证，即身份证认证和银行卡认证。除了与公安部全国公民身份证号码查询服务中心合作校验身份证的真伪，支付宝还与各大商业银行进行合作，利用银行账户实名制信息来校验用户填写的姓名和银行账户号码是否准确，摒弃了某些购物网站仅凭一个手机号码或者身份证号码进行简单认证的模式。支付宝公司还在国内率先推出了"全额赔付"制度和交易安全基金，网络欺诈发生率仅为万分之二。

为了保证支付宝的安全性，支付宝技术团队还自发研制了数字证书，其安全性能得到各银行的认同。相对于目前国内所有第三方认证公司采用的认证形式，支付宝的数字证书从技术上摆脱了普通 6 位密码验证，改以 1024 位加密的数字签名技术，因而更为安全。而数字密码的唯一性，也更有助于对客户身份的识别。

五、第三方支付企业

1. 第三方支付牌照

2014 年 7 月 15 日，央行对外宣布发放第五批第三方支付牌照。此前，央行共发放过 4 批第三方支付牌照，分别为 2011 年 5 月 18 日 27 家单位获批；2011 年 8 月 29 日 13 家单位获批；2011 年 12 月 22 日 61 家单位获批；2012 年 6 月 27 日 95 家单位获批。第五批获批企业共 19 家，发证日期为 2014 年 7 月 8 日至 10 日。在此期间，另有 27 家已经持有牌照的企业获得了业务类型拓展。如拉卡拉支付有限公司在银行卡收单、互联网支付、数字电视支付的基础上新增移动电话支付和预付卡受理业务。

第五批获批的 19 家企业，分别是广东 8 家，北京 3 家，山东 3 家，重庆、湖北、广西、陕西、新疆各 1 家。此次发放的牌照类型包括 3 张省级预付卡牌照、4 张全国性预付卡发行与受理牌照，以及拉卡拉、平安付等公司在原有牌照的基础上获得了全国性预付卡发行与受理的业务资质。

值得注意的是，此次获批的北京畅捷通支付技术有限公司为外资背景，其 75% 的股份持有者为用友软件股份有限公司旗下子公司——畅捷通信息技术股份有限公司，该公司于 2014 年 6 月在港交所上市。央行为外资背景的民营机构发放许可证，尚属首次。业内人士表示，此举在一定程度上反映出央行对外资的开放态度。

2. 常见第三方支付公司

最常见的第三方支付公司有支付宝、财付通、易宝、环迅支付、快钱、网银在线等。

（1）支付宝（Alipay）

支付宝是国内先进的网上支付平台，由阿里巴巴公司创办，致力于为网络交易用户提供优质的安全支付服务。支付宝服务自 2003 年 10 月 18 日在淘宝网推出以来，在短短的几年时间，迅速成为淘宝会员网上交易不可缺少的支付方式。经过不断的改进，支付宝服务日趋完善。为了更好地运营支付宝，为用户提供更优质的服务，阿里巴巴成立了支付宝公司，并于 2004 年 12 月 30 日推出支付宝账户系统。支付宝的支付方式有快捷支付(含卡通)、网上银行、支付宝账户余额、货到付款、网点支付、消费卡支付、找人代付、银联手机支付等。

支付宝旗下有"支付宝"与"支付宝钱包"两个独立品牌。自2014年第二季度开始成为当前全球最大的移动支付厂商。支付宝主要提供支付及理财服务,包括网购担保交易、网络支付、转账、信用卡还款、手机充值、水电煤缴费、个人理财等多个领域。在进入移动支付领域后,为零售百货、电影院线、连锁商超和出租车等多个行业提供服务。支付宝还推出了余额宝等理财服务。

支付宝与国内外180多家银行及VISA、MasterCard国际组织等机构建立战略合作关系,成为金融机构在电子支付领域最为信任的合作伙伴。支付宝公司上级主管部门为中国人民银行。2011年,支付宝获得了由中国人民银行颁发的国内第一张支付业务许可证。

截至2013年底,支付宝实名认证的用户数超过3亿。2013年,支付宝单日交易笔数的峰值达到1.88亿笔。其中,移动支付单日交易笔数峰值达到4518万笔,移动支付单日交易额峰值达到113亿元人民币。2013年,支付宝手机支付交易量超过27.8亿笔、金额超过9000亿元,成为全球最大的移动支付公司。来自艾瑞咨询的数据显示,自2013年第一季度以来,支付宝在移动互联网支付市场份额从67.6%逐步提升至78.4%,居全球第一。

(2)财付通(Tenpay)

财付通是腾讯公司于2005年9月正式推出的专业在线支付平台,其核心业务是帮助在互联网上进行交易的双方完成支付和收款,致力于为互联网用户和企业提供安全、便捷、专业的在线支付服务。个人用户注册财付通后,即可在拍拍网及20多万家购物网站轻松购物。财付通支持全国各大银行的网银支付,用户也可以先充值到财付通,享受更加便捷的财付通余额支付体验。财付通与拍拍网、腾讯QQ有着很好的融合,按交易额来算,财付通排名第二,份额为20%,仅次于支付宝。

(3)易宝(Yeepay)

易宝于2003年8月成立,总部位于北京,现有上千名员工,在北京、上海、天津、广东、四川、浙江、山东、江苏、福建等20余个省市设有分公司。自公司成立以来,易宝秉承诚信、尽责、合作、创新、分享的核心价值观,以交易服务改变生活为使命,致力成为世界一流的交易服务平台。2013年,适值公司成立十周年之际,易宝发布了"支付+金融+营销"的升级战略,领跑电子支付和互联网金融。成立十余年来,易宝服务的商家超过100万家,其中包括百度、京东、新浪、中国移动、中国电信、联想、搜狐、中国国际航空公司、中国南方航空公司、中国东方航空公司、中国人民保险公司、嘉实基金等知名企业和机构,并长期与中国工商银行、中国农业银行、中国银行、中国建设银行、中国银联、Visa、MasterCard等近百家金融机构达成战略合作关系,交易规模达万亿笔,收入达20亿元。易宝也在业界树立了良好的口碑,先后获得包括网民最信赖的支付品牌、最佳电子支付平台、中国互联网100强、互联网公益创新奖、最具投资价值企业等奖项,得到政府和社会各界的一致认可。

(4)环讯支付

上海环迅电子商务有限公司(简称环迅支付)成立于2000年,是国内最早的支付公

司之一。十几年来,深受数千万持卡人的信赖,月交易额不断攀升,成为国内支付领域的领跑者。目前,环迅支付与国内主流银行及 VISA、MasterCard、JCB、新加坡 NETS 等多个国际信用卡组织建立并保持着良好的合作伙伴关系,是中国银行卡受理能力最强的在线支付平台,每天受理数万笔来自中国大陆、香港、澳门、新加坡等地的各类银行卡的在线交易。环迅支付集成了银行卡支付、IPS 账户支付及电话支付等几大主流功能,并自主研发了包括酒店预定通、票务通等新产品,为消费者、商户、企业和金融机构提供全方位、立体化的优质服务。此外,环迅支付还为广大个人用户精心打造了一个网络导购资讯门户——IPS 商情网,通过数十个特色频道集中推广环迅 IPS 开展的各类市场活动,以及为旗下众多商户提供了一个商品展示平台。2005 年,环迅支付成为中国唯一一家通过 ISO 9001:2000 认证的在线支付企业。2007 年,环迅支付荣获"2007 中小企业 IT 产品优选""中国信息安全值得信赖品牌奖""优秀电子支付服务平台奖"等多个奖项。

（5）快钱

快钱公司（快钱）是国内领先的独立第三方支付企业,旨在为各类企业及个人提供安全、便捷和保密的综合电子支付服务。其推出的支付产品包括但不限于人民币支付、外卡支付、神州行支付、代缴/收费业务、VPOS 服务、集团账户管理等众多支付产品,支持互联网、手机、电话和 POS 等多种终端,满足各类企业和个人的不同支付需求。

（6）网银在线

网银在线（北京）科技有限公司（简称"网银在线"）于 2003 年成立,京东集团全资子公司,为京东电商业务提供全面的支付解决方案,是国内领先的电子支付解决方案提供商,专注于为各行业提供安全、便捷的综合电子支付服务。其核心业务包含支付处理（在线支付网关、网银钱包、快捷支付）及预付费卡等服务。公司于 2011 年 5 月 3 日荣获首批央行"支付业务许可证",当前许可业务范围是支付行业最全的支付机构之一。

▰▰▰ 任务实施

1. 网银在线平台与网上支付体验

① 登录"网银在线"支付平台（www.chinabank.com.cn）。

认真浏览网站内容（见图 3-25）,填写下列内容。

图 3-25 "网银在线"支付平台

"网银在线"提供的支付方式有：_____

_____

"网银在线"的合作金融机构有：_____

_____

② 在"网银在线"支付平台体验网上支付。

"网银在线"首页提供了"1 分钱 1 分钟"真实体检网银支付功能，如图 3-26 所示。

图 3-26　"网银在线"支付功能

经过体验，真实的网银支付的步骤是：_____

_____

_____

2. 支付宝账户申请与使用

(1) 申请支付宝账户

登录支付宝平台(www.alipay.com)，注册支付宝账户，如图 3-27 所示。

图 3-27　支付宝注册页面

注册用户名为：_____

（2）支付宝账户服务与功能

登录已注册的支付宝账户，熟悉支付宝提供的服务与功能。

① 支付宝"个人服务"（见图 3-28）。

图 3-28　支付宝"个人服务"页面

② 支付宝"付款方式"（见图 3-29）。

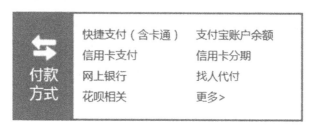

图 3-29　"支付宝"付款方式页面

③ 支付宝"安全中心"（见图 3-30）。

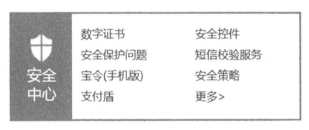

图 3-30　支付宝"安全中心"页面

④ 支付宝"商家服务"（见图 3-31）。

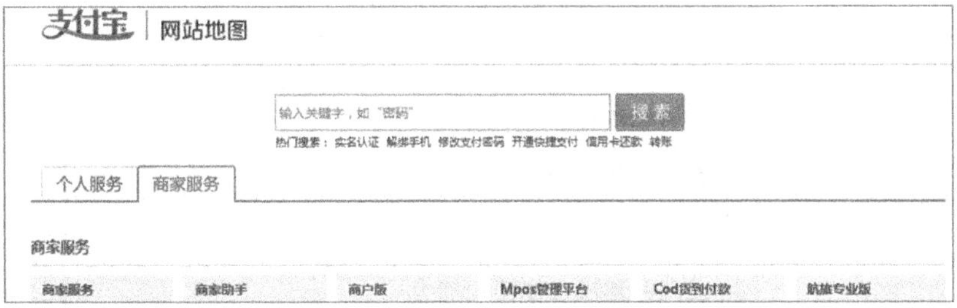

图 3-31　支付宝"商家服务"页面

（3）网上支付

登录天猫商城或淘宝网帮助小强挑选母亲节礼物，并通过支付宝完成网上支付。

选购的礼品：＿＿＿＿＿＿＿＿＿＿＿＿＿＿＿＿＿＿＿＿＿＿＿＿＿＿＿＿＿

选购该礼品理由：＿＿＿＿＿＿＿＿＿＿＿＿＿＿＿＿＿＿＿＿＿＿＿＿＿＿＿

订单号：＿＿＿＿＿＿＿＿＿＿＿＿＿＿＿＿＿＿＿＿＿＿＿＿＿＿＿＿＿＿＿

任务小结

一、学习笔记（记录个人在任务练习过程中对知识、技能的掌握情况及体会与思考）

＿＿＿＿＿＿＿＿＿＿＿＿＿＿＿＿＿＿＿＿＿＿＿＿＿＿＿＿＿＿＿＿＿＿＿＿

＿＿＿＿＿＿＿＿＿＿＿＿＿＿＿＿＿＿＿＿＿＿＿＿＿＿＿＿＿＿＿＿＿＿＿＿

＿＿＿＿＿＿＿＿＿＿＿＿＿＿＿＿＿＿＿＿＿＿＿＿＿＿＿＿＿＿＿＿＿＿＿＿

＿＿＿＿＿＿＿＿＿＿＿＿＿＿＿＿＿＿＿＿＿＿＿＿＿＿＿＿＿＿＿＿＿＿＿＿

＿＿＿＿＿＿＿＿＿＿＿＿＿＿＿＿＿＿＿＿＿＿＿＿＿＿＿＿＿＿＿＿＿＿＿＿

＿＿＿＿＿＿＿＿＿＿＿＿＿＿＿＿＿＿＿＿＿＿＿＿＿＿＿＿＿＿＿＿＿＿＿＿

＿＿＿＿＿＿＿＿＿＿＿＿＿＿＿＿＿＿＿＿＿＿＿＿＿＿＿＿＿＿＿＿＿＿＿＿

＿＿＿＿＿＿＿＿＿＿＿＿＿＿＿＿＿＿＿＿＿＿＿＿＿＿＿＿＿＿＿＿＿＿＿＿

二、任务考核

在线支付与使用考核具体内容见表 3-4。

表 3-4　在线支付与使用考核

职业能力	评价指标	任务完成情况	备注
知识掌握能力	熟悉网银在线的支付方式及合作金融机构；完成网银在线真实网上支付体验		
	成功注册支付账户,并用该账户完成网上合作购物的在线支付		
自我管理能力	掌控时间能力		
	学习积极性		
交流能力	有效与他人沟通		
	团队合作精神		
创新能力	发现并解决常规问题能力		
	推出新的有价值的思路方法		
小组评价			
教师评价			
成绩	签字：		

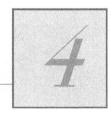

项目四

网上开店

本项目通过体验在淘宝网站搭建网店、网店装修、网店采购及网店推广等任务介绍了网店建设流程、常见网店基本促销活动及网店营销的策略及方式。

● **知识目标**：了解网店建设的流程；
　　　　　　了解常见网店基本促销活动及网店营销策略及方式。
● **技能目标**：学会如何注册淘宝账户；
　　　　　　能在淘宝网站进行支付宝的实名认证及开店认证；
　　　　　　熟练运用淘宝装修工具进行网站装修。
● **素养目标**：能够进行市场调研分析，了解基本的市场营销策略及经营理念；
　　　　　　增强创新、创业能力。

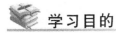

任务一　　搭建网店

学习目的

（1）学会注册淘宝账户；
（2）学会在淘宝网站进行支付宝的实名认证；
（3）掌握在淘宝网站进行开店认证的方法；
（4）了解网店建设的流程。

任务提出

芳芳职校毕业后，想在网上开一家"素肌美人精油批发中心"网店，请帮助她在淘宝网站上搭建网店。

相关知识及任务实施

一、注册淘宝账户

电子商务的发展，让很多人看到了在淘宝网站开店创业的好处与前景，那么淘宝网开店需要哪些步骤？如何注册账号呢？需要注意些什么？为此下面具体介绍在淘宝网上注册账户的步骤和方法，为开店做准备。

1. 淘宝网账户注册

打开淘宝网，点击"免费注册"，如图 4-1 所示。

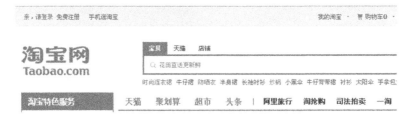

图 4-1　淘宝网账户注册页面

2. 填写注册信息

进入注册页面后，填写基本注册信息，如图 4-2 所示。

图 4-2　填写注册信息页面

3．账户激活

新注册的账户激活可以使用两种方法。

（1）手机验证

填写的手机号码，必须是未被注册使用的手机号。进入图 4-3 所示页面，说明之前提交的注册信息已成功，此时用户已有了一个未激活的淘宝账户，需要输入手机收到的校验码进行激活。若用户不小心把该页面关闭了，进入登录页面输入账户名和密码，点击"登录"，该页面又会出现。

图 4-3　手机验证激活

（2）邮箱验证

注册淘宝账户时如果使用邮箱作为绑定方式，那么在激活账户时就要使用邮箱了。具体的激活步骤如下：

① 点击"使用邮箱验证"切换至邮箱注册的方式。

② 填写手机号码，用来接收验证码，然后到邮箱查看验证邮件。

验证成功后，淘宝账户注册成功，如图 4-4 所示。

图 4-4　淘宝账户注册成功

注册淘宝账户是新手淘宝开店时接触淘宝的第一环节，有了淘宝账户之后，要考虑的就是支付宝账户的注册了。一般地，注册了淘宝账户和支付宝账户后可默认使用邮箱或手机号码作为支付宝账户的用户名。注册完支付宝账户后还需要激活方能使用。

二、支付宝的实名认证

申请了淘宝账户，激活了支付宝，开网店的下一步就是支付宝的实名认证。作为网店卖家、买家资金流通的工具，支付宝必须安全，且与个人关联。详细的操作步骤和相关注意问题如下：

① 登录淘宝账户。

打开淘宝首页，点击顶部右侧的"我的淘宝"，可出现淘宝账户登录页面如图 4-5 所示。

图 4-5　登录淘宝账户

② 找到相关链接。

在"我的淘宝"页面找到"我的支付宝"，如图 4-6 所示。

图 4-6 "我的支付宝"页面

如果是第一次开店,也可以从淘宝首页顶部"卖家中心—免费开店"进入认证链接,如图 4-7 所示。

图 4-7 认证链接

③ 申请实名认证。

点击"实名认证"按钮,如图 4-8 所示。

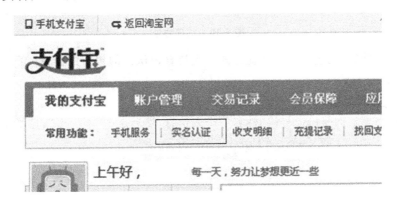

图 4-8 实名认证

④ 阅读并签署协议。

阅读支付宝实名认证协议,如果没有异议,点击"我已阅读并接受协议"按钮,如图 4-9 所示。如果用户不同意协议内容,就无法完成支付宝实名认证。

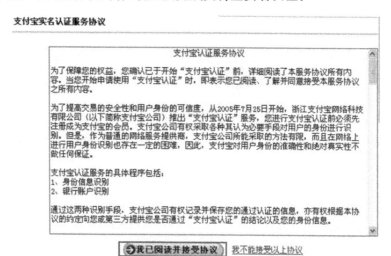

图 4-9　签署协议

⑤ 选择合适的认证方法。

这里介绍两种方式进行支付宝实名认证,如图 4-10 所示。

图 4-10　认证方法

如果是开网店,就选择普通认证方式。支持普通认证的银行的详情,可查看"支付宝相关银行"。

⑥ 填写必要信息。

用户填写真实的身份证号码、姓名等个人信息,然后点击"下一步",如图 4-11 所示。

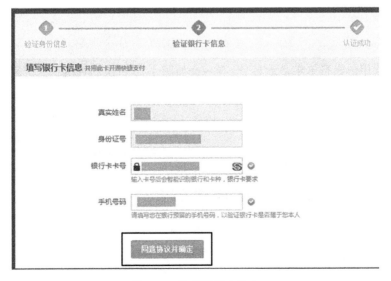

图 4-11 填写个人信息

⑦ 填写银行卡信息。

用户要填写与支付宝绑定的银行卡的相关信息,如图 4-12 所示。

图 4-12 填写银行卡信息

⑧ 确认信息。

确认相关信息,点击"确认完整并提交"。如果前面的步骤没有错误,用户将看到图 4-13 所示页面。

请确认个人信息:

真实姓名:	
身份证号码:	330102　　　　　84X
身份证正面图片:	已上传　查看
身份证反面图片:	已上传　查看
身份证到期时间:	20160506
常用地址:	
联系方式:	手机号码: 159　　170

请确认银行卡信息:

开户姓名:	
开户银行:	中国工商银行
银行所在城市:	
银行卡号:	

返回修改

确认信息并提交

图 4-13　确认信息页面

⑨ 等待时间。

这个时间是支付宝官方给用户提供的银行汇款的时间。如图 4-14 所示,1~2 个工作日后,用户可查看自己的账户,查询银行卡内增加的资金数。

图 4-14　等待时间

支付宝给用户银行卡汇款之后,会有一个如图 4-15 所示的提醒。

图 4-15　用户汇款提醒

⑩ 确认金额。

登录支付宝网站,在"我的支付宝"页面右上角点击"申请认证",把支付宝公司汇入用户银行账户的具体金额正确输入并点击"确认",如图 4-16 所示。

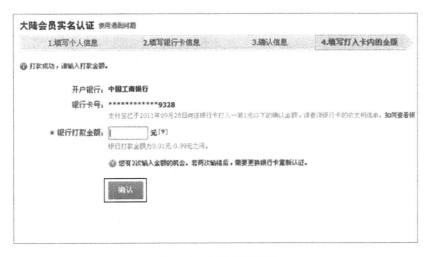

图 4-16　金额确认页面

系统审核金额正确之后,用户就会看到如图 4-17 所示页面。

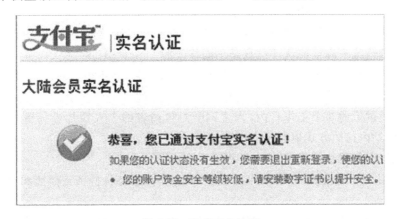

图 4-17　完成实名认证

⑪ 开店身份认证。

这个步骤是淘宝开店新增加的,是在店家通过了支付宝实名认证之后才能操作的。该操作就是开店掌柜的身份认证,如图 4-18 所示。

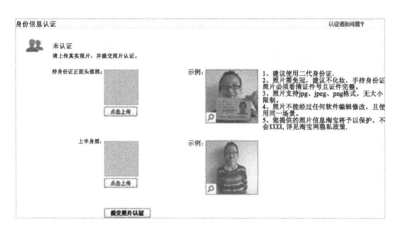

图 4-18　开店身份认证

完成上述步骤之后,支付宝的实名认证就全部完成了。但在开店身份认证的步骤通过之后,店长还要进行淘宝开店考试,在正式考试之前,最好先通过淘宝模拟考试题测试一下,再参加正式考试。

三、淘宝开店新规之开店认证

从 2012 年 1 月 11 日起,淘宝网对已开店卖家开放认证申请,2012 年 6 月 30 日前,所有新开店和已开店用户均须完成认证及备案。

如果有店家没有在规定的时间内完成认证,淘宝会对店铺内的商品进行下架或者屏蔽店铺。通常情况下淘宝的认证信息是不能修改的。

这个步骤是在支付宝实名认证之后操作的。从 2012 年开始,如果用户要开店,在完成支付宝实名认证之后,还应按照规定格式上传自己的身份证及个人照片,在用户支付宝实名认证通过后的 3 个工作日内,淘宝网会对申请者的个人照片进行审核,审核后即时通过邮件、站内信的方式提醒用户审核结果。

开店认证上传照片的要求:

① 开店认证上传真实个人照片,需提供两张照片(手持身份证正面照和半身照)进行审核。

② 照片要求是数码照片原始图片,不能用任何软件编辑修改,图片清晰,字体和头像可辨认,身份证证件号码完整、清晰;照片需要同一场景,统一着装。两张照片不能重复使用。

手持身份证正面头部照片需要具备以下条件:

a. 照片内所持身份证必须在有效期内,若无身份证(如证件丢失、外籍人士)可提供临时身份证、护照、回乡证、香港居民证、台湾居民证。

b. 照片内持证人的五官清晰可见。

c. 照片内所持身份证的正面信息清晰可见,无遮挡。

d. 持证人五官与身份证上照片一致。

e. 没有作假痕迹。

在以上 5 条全部符合的情况下,还必须保证与支付宝认证的各项身份信息一致,包括真实姓名、性别、头像照片、身份证号码。

　　在淘宝网首页点击图 4-19 中的"卖家中心",进入页面后点击"店家免费开店",即可见认证的入口地址。

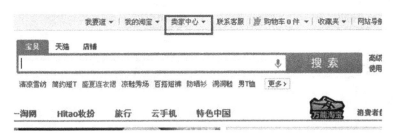

图 4-19　认证入口地址

四、网店建设流程

　　如果注册了淘宝账号,完成了支付宝认证,并通过了开店考试之后,用户就可以建设自己的店铺了。基本流程很简单:店铺信息填写、旺铺类型选择、下载合适的模板、发布宝贝。具体操作步骤如下:

　　① 填写店铺基本信息。

　　填写包括店铺名称、店铺类目、店铺介绍在内的详细信息(开店后可以修改),如图 4-20 所示。

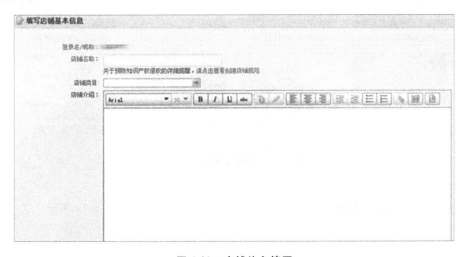

图 4-20　店铺信息填写

　　② 选择旺铺类型。

　　淘宝提供的店铺类型包括:旺铺扶植版、旺铺标准版、旺铺拓展版、旺铺旗舰版,各个类型的费用如图 4-21 所示。

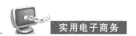

旺铺标准版
¥30/月
上钻卖家必备利器 排名第一官方工具
满足所有基本装修需求
旺铺拓展版
¥68/月
统一模板高效配置 自由多变的个性布局
实现完整装修方案
旺铺旗舰版
¥1080元/年
提供完整的装修方案 自由个性的页面布局
CSS完全自定义装修
旺铺2012
¥50元/月
提供一站式店铺解决方案 更个性更自由的装修布局
全新后台功能指导店铺运营

图 4-21 旺铺类型的费用

③ 选择店铺装修模板。

选好店铺类型后，在淘宝网提供的网店装修模板中选择一个适合自己网店风格的装修模板。模板有免费的，也有付费的，如图 4-22 所示。

淘宝网店模板
shopex模板
宝贝描述模板
宝贝分类图片
网店促销模板
ecshop模板
其他模板
紫色诱惑 淘宝网店装
免费淘宝模版下载 通
精美淘宝网饰品网店免
免费淘宝网店模板手机
都市摩登市场风格淘宝
简单的童装免费淘宝网
淘宝网店运动鞋免费网
免费服装淘宝网店装修

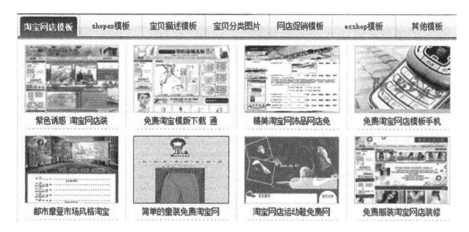

图 4-22 店铺装修模板选择

④ 发布宝贝。

在淘宝网首页，点击顶部的“卖家中心”，选择“发布宝贝”，如图 4-23 所示。

图 4-23　"发布宝贝"页面

⑤ 选择宝贝发布的方式。

淘宝网宝贝发布方式默认显示"一口价"方式,如图 4-24 所示。

图 4-24　宝贝发布方式选择

一般新手开店都会选择"一口价",如果是促销产品或是其他形式的宝贝,可以在图中选择"拍卖"或者"个人闲置"等发布方式。

⑥ 选择宝贝类目。

网店发布的宝贝需要选择一个类目,方便淘宝网对宝贝进行抓取、信息储存、宝贝排名,为用户提供搜索结果,如图 4-25 所示。

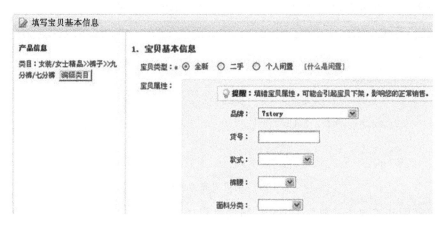

图 4-25　宝贝类目选择

⑦ 编辑宝贝信息。

网店发布的宝贝需要编辑宝贝的类型、属性、标题、价格、特征、图片、描述、物流、售后等详细信息,如图 4-26 所示。

图 4-26　宝贝信息编辑

注意:如果在商品编辑页面选择了宝贝的一些属性条件,如服装类的颜色、尺码等,必须填写相对应的数量,且数量之和必须等于宝贝数量。

⑧ 发布成功。

通过上述步骤,一个宝贝就发布成功了。如需继续上传宝贝,重复步骤 4～7,把网店宝贝全部上传完毕就可以出售商品了。

拓展练习

（1）选择自己感兴趣的商品，尝试在淘宝网站上搭建网店，要求说明店铺名称、店标的设计理念，介绍店铺所经营的商品。

（2）分析至少3个网上商店平台的特点、功能，网上商店的电商平台可以选择易趣网、拍拍网、卓越网、慧聪网等。

 任务小结

一、学习笔记（记录个人在任务练习过程中对知识、技能的掌握情况及体会与思考）

_____

_____

_____

_____

_____

二、任务考核

搭建网店学习考核的具体内容见表 4-1。

表 4-1 搭建网店学习考核

职业能力	评价指标	任务完成情况	备注
知识掌握能力	成功注册自己的淘宝账户		
	成功进行支付宝的实名认证		
	开店认证		
	了解网店建设流程		
自我管理能力	掌控时间能力		
	学习积极性		
交流能力	有效与他人沟通		
	团队合作精神		
创新能力	发现并解决常规问题能力		
	推出新的有价值的思路方法		
小组评价			
教师评价			
成绩	签字：		

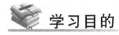

网店采购

 学习目的

（1）能够进行行业分析，了解开网店卖什么最能够取得好的经济效益；

（2）能够了解如何找到好货源；

（3）能够进行市场调研分析，懂得一定的经营理念。

任务提出

通过项目四任务一的学习，芳芳已经学会了如何在淘宝网站上搭建网店，但她却苦于找货源，请教她如何进行货源的采购。

相关知识及任务实施

开网店如何找货源，特别是适合的好货源，是新手最想知道的，因为一个好的货源，就是一个好的创业起点，不用担心宝贝的质量问题，只需集中精力做店铺推广就可以了。本任务从寻找货源、进货源及货源安全代理流程介绍网店采购的相关知识。

一、商品类别的选择

要开店，首先就要选择好商品，这是保证市场的关键。对此店家需要有敏锐的市场嗅觉和对电子商务发展趋势的预判。如果你是新手，建议根据市场的热卖数据来选择商品。

在淘宝网每年的营业额中，有 40% 多是来自于服饰鞋包，其次是化妆品，这两个行业占据了淘宝网店数量的较大比重：

① 从淘宝皇冠店铺数量来看，主打服装的网店占据了半壁江山。

② 从用户数量看，服饰是高速消费品，流行更替得很快，因此紧跟流行趋势，服装就会供不应求。

③ 从利润看，服装行业的利润较大，实体店铺除去入场费等费用后，能赚接近一半，没有房租的网店赚得就更多了。

④ 从货源看，服装的货源是很多的，店家可以通过比较服饰的价格、质量、款式进行选择。对于网店卖家，只要对穿衣搭配有自己的想法，那么服装网店就是一个很理想的选择。它进货渠道多，利润大，更有知名店铺参考学习。

二、寻找好货源

寻找货源的途径有两种：一种是到批发市场区考察，另一种是利用发达的网络，到网店代理网站进货,两种方法都有利有弊,寻找网络货源和实体货源的具体方法如下。

1. 网络货源

(1) 好货源网的标准

在越来越热的网上开店淘金狂潮的吸引下,淘宝网的发展到了一个新的时期,现在的货源网站的选择范围很广,一般来说,选择网店代理货源网主要从以下几方面考虑。

① 货源商的网站有备案,并且备案信息是真实的。

卖家应首先到相关工商机关核查货源商的网站是否有备案,并且查看备案信息是否真实。

② 货源网站是否公开了营业执照信息。

一般注册时间长的货源网都是以企业名义经营的,营业执照等信息是比较私密的,如果一个货源网站公开了营业执照的信息,说明它对自己的产品有信心。

③ 售前询货服务好、回答及时、语气温和,并可以用电话询货。

这是一个好的货源网能够坚持下来的基础之一,售前、售中、售后做得好的货源网,会拥有不错的口碑,也是一个好的货源网能够做大的保证。

④ 合理的退换货条款。

一个正规的、好的网店代理货源,有较合理的退换货条款,并会根据代理的实际情况调整售后服务条款(这只能在代理商代理后有了订单时才可以发现,代理商也可以代理后考查其售后服务)。

⑤ 货源商的商品是实物拍摄的。

这对于宝贝很多的货源网站来说,不是很公平,因为每件商品都实拍需要花费的人力、财力会很多。因此,如果一个货源网是实拍,价格还跟其他的货源网差不多,那么代理商可以优先选择这家货源网。

⑥ 代理是否收费。

代理商家有收费也有免费的,各有利弊,要多比较,经过调查、分析最终确定代理商家。

(2) 好货源的发掘步骤

目前,在淘宝实体店铺中,服饰、鞋包店铺超过一半,下面以服饰行业为例介绍发掘好货源的一般步骤。

① 甄别网店代理货源网站的好坏。

甄别网店代理货源网站的好坏很重要,因为服装代理需要本钱,现在的服装代理网站很多,质量也参差不齐,要想自己的淘宝小店能够开得长久,选择一个质量、服务都过关的代理商是最基础的环节。

② 选择服装款式。

在众多的货源网站中选择几个后,接着就是确定自己要经营网店的服装款式和风格。现在服装风格主要有日韩风和欧美风,当然,大店铺会混搭着卖,小店铺刚起步,需要的货成本大,风险也大,因此,建议店主根据自己的喜好来选择服装类型,如果偏爱日韩风,对日韩搭配有心得,那么日韩风的服装就是新开小店的最好选择,欧美风也是一样的。

③ 对比服装价格。

正规的货源网都会把代理价格表分得很明确,在选择的几家代理货源网站中,综合对比其服装的代理价格,决定取舍。

④ 考察服装质量。

因为网店代理的服装都是货源网站直接发给买家的,因此,在决定代理之前,一定要考察服装的质量。一般来说,正规的货源代理网站,都会允许代理商先从网站买两件回去察看质量,然后再寄回去,自己承担运费就可以了。如果想代理的货源网站正好离自己的城市很近,那么就可以提出上门看货。

⑤ 综合对比。

通过甄别网站,留下 5～6 家网站作考察对象,然后根据自己在服装方面的眼光,选定 3 家左右货源可以进一步比较,其中在服装的质量和价格方面有差异,如此要代理的货源就可以浮出水面了。

2. 实体货源

网上进货快捷低价,但资金风险、品质质量、订购数量都存在着劣势。好的进货渠道是成功的一半,如果进的货比较多,建议去批发市场或实体货源店拿货比较好,因为价格相对比较便宜,自己也能亲自看货拿货,不必担心网上找代理商有可能会碰到商品存在质量的问题。

下面以广州服装批发市场拿货经验为例跟大家介绍实体货源的相关知识。

(1) 进货地点

全国各地的服装批发市场所供应的服装大部分来源于广州,直接在广州拿货能节约一定的进货成本。广州服装批发市场在火车站旁边的站前路、站西路上,主要有白马大厦、黑马大厦、步步高批发市场、流花批发市场、国宏大厦、十三行、新大地批发市场、康乐牛仔城等。白马、红棉、天马等大厦的写字楼是以品牌为主,流花、站西批发市场则是中档商品的首选,十三行是低档商品的主要批发地。步步高及新大地则是针织衫、毛衫的批发集中地。

(2) 拿货季节

一般来说卖家是不用注意什么时候该上什么货的。因为店主到了批发市场,就会知道该拿什么了。一般市场的季节会比实际早 1～2 个月,冬天还没到,棉衣、羽绒服已经上架了。如果店主拿不准该卖什么的时候,就到市场去转一下吧。过季的衣服,拿些货也是不错的,这个时候都很便宜,尤其是外贸服饰,其服饰式样不会很快过时,来年也可以卖,拿回来搞特价活动,也受欢迎。

(3) 拿货尺寸

在实体店买衣服最大的优点就是可以试穿,首先衣服尺码一般分为 M、L、XL。如果是大卖家,资金充足,生意又好,建议拿全号。因为拿全号,可以和批发商砍价,以比较优惠的价格拿货。如果是小卖家,拿货的尺寸就要自己掌握,比如根据买家大部分是穿什么号的或者自己的定位是较胖、较瘦还是大众化人群来决定。一般来说,尽量拿中码或均码的。还有一种方法,就是每个号拿一件,卖出什么了就去补什么。该方法的缺点是容易断货,尤其是外贸、尾单的商品。

对于裤子的拿货更难选择,因为裤子的尺寸较多,还分中腰、低腰的。裤子建议可以拿比较常卖的或者是中号。因为批发商裤子的供应量都很充足,调号比较方便。

(4) 拿货分辨

拿货时主要看做工、布料、手感等是否良好,吊牌是否齐全。

日单:很容易分辨,主要是否有日文水洗标,日文吊牌等。如果这些都没有的时候,就要看衣服做工、手感、款式等。

品牌跟单:现在市场上很多品牌跟单,一般都是发往国外或出口的,这些商品的质量非常好,样式漂亮,价格也很公道,是不少买家的首选。

广州货:像北京的天乐,一楼是广州货,二楼是外贸、品牌跟单、日单。广州货的质量也不错,就是没有外贸的精致。其优点是货量很充足,不像外贸、日单的商品,数量比较少,很容易断货。

(5) 拿货颜色

拿货的颜色就完全看个人喜好,店主可以征求买家的意见或者搞一些调查分析。

(6) 拿货时间

周一到周五的上午这段时间是拿货的最佳时间。一般批发市场都是凌晨 4 点左右开业,上午七八点钟去也可以,但是最好不要周六周日去,因为人多,拎着货物很不方便,另外节假日拿货的价格也会高一些。

(7) 拿货技巧

去批发市场拿货一定要带黑色塑料袋,这可是批货的标志物,如果是准备大规模进货,拉一个两轮的小车会更好。

三、进货谈判要点

无论是到网上还是在实体店订货,都要和卖家进行沟通及谈判。网店进货谈判有"三忌五从"。

1. 三忌

(1) 忌鲁莽行事

了解自身所经营的行业中哪些产品热卖,哪些产品具有较大的利润空间,哪些产品即将被市场淘汰等。不能忽略比较淘宝上的销售价格,如果产品在淘宝上的售价已经低于你找到的最低进货价,必须另觅更好的渠道。

(2) 忌未比较就下单

通常在一个城市当中,经营同一类产品的批发市场会集中在一个片区,每个批发市场都有各自的特点,有不同的经营风格或针对不同的人群,因此"比"字是关键,切忌匆忙下单,盲目进货。在同一个批发市场中,批发店铺的形势有:厂家直营门市、厂家代理专卖、从多个工厂进货销售、专门从同一个市场的其他店铺调货转手的店铺。调货转手的情况以电子产品市场最为突出,例如一款路由器整个市场都批 115 元,同市场中品牌总代理店铺给散客的价格可以为 110 元,批发市场的同行向其调货只需要 105 元,所以必须找到相对来说较上游的价优货源。

(3) 忌初次合作讨价还价

对于刚开始合作的供货商不适合讨价还价,切忌死缠烂打,良好的印象是合作的基础。

2．五从

（1）反向询价，从"被推销"中取得最优条件

当在一家店看中几样商品时，可以先从其中一款性价比较优的商品入手。老板在开单的同时会积极向你推荐其他产品，这时候可以对之前看中的商品装作不经意地进行询价。由于老板希望在每个客户身上获得更多的成交，推荐的一般是最热销的爆款。对于这些商品可以列入考虑，说不定由此开拓一个新商机。此时正是谈判的最佳时机，无论是老板推荐的还是后续询价的，都不要马上下手，可以向老板表示出有如下担忧："价格贵了""对销售信心不足""已经进了很多同类商品"等。善于察言观色的老板一定会想方设法打消你的疑虑，价格方面进行适当的微降，许诺多久之内没有售出可以退回换货，甚至降低起批数量的限制都有可能。学会为自己制造"被推销"的机会，比主动出击谈判效果好得多。

（2）拿折扣，从折扣中获取间接降价

与供货商的谈判，大多数人关注的只是价格，然而，价格的低廉有很多种，折扣就是间接地降低价格。这里的折扣不是说让供货商打多少折，而是返点。如果找到了工厂门市这类一手货源，一般来说有完善的返点政策。当年销量达到某一个额度时返回一部分货款，间接地降低了商品的单价。一般来说该货款不会返现，会折算成货品。

（3）要赠品，从赠品中获得变相降价

工厂出货时，会按照商品数配相应数量的赠品或样品（样机）。如果不向批发商索要，这些赠品、样品通常就被批发商扣下了。赠品或样品拿回来可以赠送给顾客，有些没有明确标注的赠品可以作为商品来销售。

（4）重合作，从合作方式看低价保证

与供货商谈的付款方式，是现付、批结或月结等，这些合作方式都会影响到进货价格。一般而言，现付会比批结和月结拿到更低的价格，而批结、月结有利于资金的周转，降低进货风险。若货款未付，则商品万一出了问题，沟通时可多一个筹码。

（5）获保证，从保障中争取最大利益

为方便日后经营出现交易纠纷时举证，要事先对供货商的资质进行核查，获得相关证明。如果能在进货时把相关的授权书和质检证明拿到就更好，同时需要与供货商确定售后相关事宜：当产品出现问题需要维修时的操作流程；邮寄的费用谁支付等。包装是商品增值的重要因素，顾客出于个人需要有时会对包装有要求，如果供货商可以随货品配相应比例的包装盒、包装袋，在提升产品价值的同时可以节省采购包装的费用。出于保障权益考虑，在合作之前就要和供货商沟通退换货条件：换货是按照进货价格等额比率还是需要按一定的比率折算等。

四、安全代理流程

找到了合适的货源之后，接下来就是代理了，下面给大家讲一讲网店代理货源商的基础步骤：

① 拥有自己的网店。

这是成为代理商的一个基本要求，不管是新建网店，还是原有网店转行，有网店才能进行代理。

② 注册会员。

要想成为货源网的代理商,首先要在该网站注册会员,然后就可凭着用户名这张通行证,在货源网站进货、下单,积累销量。

③ 交纳代理保证金。

根据所代理的网站的具体要求,有些是不需要交纳代理保证金的,有些需要收取一定费用,有些承诺在任意月份,销售达到规定服装数量,就退还保证金。一般是使用支付宝付款,用户在付款时,把付款说明写明为代理保证金,等待货源网的审核。

④ 下载数据包。

交纳的代理费,通过审核之后,就可以在客服的指导下,下载商品的数据包,一般代理网站都会有一个客服教用户怎么操作。

⑤ 上传数据。

下载到代理商品的数据之后,就需要使用淘宝助理上传数据了,一般数据包有 *.mdb格式、*.db 格式和 *.csv 或者 xls 格式的,格式不同上传方法不同,目前大部分用的是 *.csv 格式。

 拓展练习

(1) 尝试到自己所在地区的商品批发市场进行实地调研,撰写一份不低于 2000 字的调研报告。

(2) 批发适量自己所需的商品,运用所学的买卖技巧与商家进行交流。

 任务小结

一、学习笔记(记录个人在任务练习过程中对知识、技能的掌握情况及体会与思考)

_____

_____

_____

_____

_____

_____

_____

二、任务考核

网店采购学习考核的具体内容见表 4-2。

表 4-2　网店采购学习考核

职业能力	评价指标	任务完成情况	备注
能够进行行业分析；了解如何找到好货源	撰写一份行业分析报告		
	写一份网店商品采购清单		
自我管理能力	掌控时间能力		
	学习积极性		
交流能力	有效与他人沟通		
	团队合作精神		
创新能力	发现并解决常规问题能力		
	推出新的有价值的思路方法		
小组评价			
教师评价			
成绩	签字：		

任务三　网店装修

学习目的

（1）掌握淘宝店标的制作方法；

（2）熟悉淘宝图片空间工具的使用，能进行装修图片的添加；

（3）熟悉制作并添加淘宝图片水印；

（4）熟悉淘宝装修代码的安装步骤；

（5）学会用淘宝助理上传宝贝装修模板。

任务提出

通过项目四任务一、任务二的学习，芳芳已经在淘宝网站上搭建了自己的网店，也学会了网店商品的采购，她想拥有自己的店标，并对网店进行美化，请教她如何进行网店装修。

相关知识及任务实施

一、淘宝店标制作

淘宝店标是一个淘宝店的窗口，淘宝店标的制作是网店装修的第一步。淘宝店标分为动态和静态两类。学会了淘宝动态店标的制作，淘宝静态店标自然就学会了。制作淘宝动态店标的具体操作如下：

1. 工具和软件

电脑：制作店标必备；

软件：Photoshop（简称 Ps）软件（CS4 以上版本）。

2. 步骤和方法

① 打开 Ps 软件并打开动画窗口。

打开 Ps 软件，点击"窗口—动画"，在窗口显示就会看到一个如图 4-27 所示动画的模块界面。

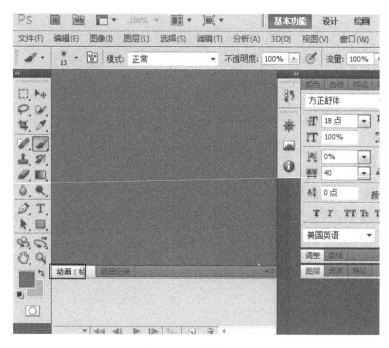

图 4-27 Ps 软件界面

② 添加制作店标所需素材。

点击"文件—打开",添加图片(制作动态店标至少是两张图片,图片的大小最好是 80 mm×80 mm 的规格),如图 4-28 所示。

图 4-28 添加图片

③ 图层合并。

将右边的图片作为背景,选择图示红色标示的工具,拖动左边图片到右边图片上,调整大小,如图 4-29 所示。

图 4-29 图层合并

④ 隐藏图层 1。

点击如图 4-30 所示的图层 1 前面的"可视"图标隐藏图层 1。

图 4-30 隐藏图层 1

⑤ 添加动画效果。

在动画模块点击右边红圈标注部分"新建一帧",然后调整图片下面的时间,一般设为"0.5s",可根据要求设置,点击播放,如图 4-31 所示。

图 4-31　添加动画效果

⑥ 添加文字效果。

　　点击选中图层 1，然后点击工具栏中的字体，添加文字。可以鼠标右键点击文字图层，选择"混合选项"，设置文字效果。用同样的方法点选背景图层，添加文字，如图 4-32 所示。

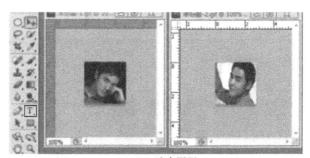

(a) 选中图层

(b) 添加文字

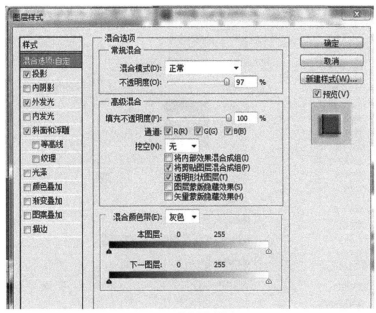

(c) 设置图层样式

图 4-32　添加文字效果

⑦ 保存动态图片。

点击"保存"按钮,点击"文件—存储为 Web 格式"。注意:图片一定要存为 GIF 格式,如图 4-33 所示。

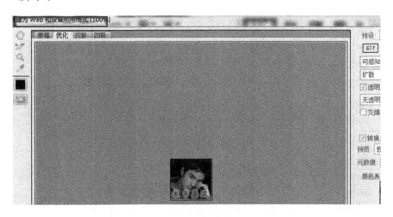

图 4-33　保存动态图片

⑧ 更改淘宝店店标。

进入淘宝"卖家中心",在"店铺管理"中找到"店铺基本设置",点击"上传图标",并保存,如图 4-34 所示。

| 我是卖家 | 账号管理 | 官方信息中心 | 💡 什么服务适合我店铺，快来搜索下吧！ |

快捷入口 设置
∧

我购买的服务 >

□ 交易管理
　已卖出的宝贝
　发货
　物流工具
　发货设置
　我有货物要运输
　物流指数
　评价管理

□ 宝贝管理
　我要卖
　出售中的宝贝
　橱窗推荐
　仓库中的宝贝

□ 店铺管理
　查看我的店铺
　店铺装修
　图片空间
　宝贝分类管理
　店铺基本设置

我是卖家 > 店铺管理 > 店铺基本设置

淘宝店铺　　手机淘宝店铺

*店铺名称：木子春风　　　　　　　查看店铺创建规范

店铺标志：

上传图标　☑ 文件格式GIF、JPG、JPEG、PNG文件大小80KI

*店铺类目：女装/流行女装　　▼

店铺简介：

经营类型：◉个人全职 ○个人兼职 ○公司开店

*联系地址：

*邮政编码：264000

*店铺介绍：大小▾ 字体　　　　▾ **B** *I* U A ▦▾

本店专营各类精品女装，良品品质保障。

店铺基本设置
　手机淘宝店铺
　域名设置
　掌柜推荐
　媒体中心
　淘宝贷款
　权限管理

□ 货源中心
　我要进货
　分销管理

□ 营销中心
　促销管理
　数据分析
　我要推广
　活动报名

*主要货源：○线下批发市场　○实体店拿货　　○阿里巴巴
　　　　　　○自己生产　　　○代工生产　　　◉自由公司

是否有实体店：◉是 ○否

*实体店地址：

是否有工厂或仓库：◉是 ○否

*工厂或者仓库地址：

保存

| 我是卖家 | 账号管理 | 官方信息中心 | 💡 什么服务适合我店铺，快来搜 |

快捷入口 设置
∧

我购买的服务 >

□ 交易管理
　已卖出的宝贝

店铺名称：木子春风　　我的掌柜说
支付宝：

图 4-34　更改淘宝店店标

店标需要符合网店的特色。上述只是最基本的动态店标制作方法，如果将店标做成宣传店铺的利器还需要卖家的精心设计。静态店标相对简单，将上述步骤中的第3,4,5步省略即可。

二、淘宝店招制作

淘宝店招相当于线下店铺的牌子，网店店招处于店铺最显眼的位置。买家进入店铺首先看到的就是店招，如果淘宝店招能让买家驻足流连，那就是一个成功的淘宝店招。一个精美的店招的制作步骤如下：

① 打开 Ps(Photoshop)软件。

打开 Ps(Photoshop)软件，点击"文件—打开"，选择店招素材（图片大小为950 mm×150 mm），如图 4-35 所示。

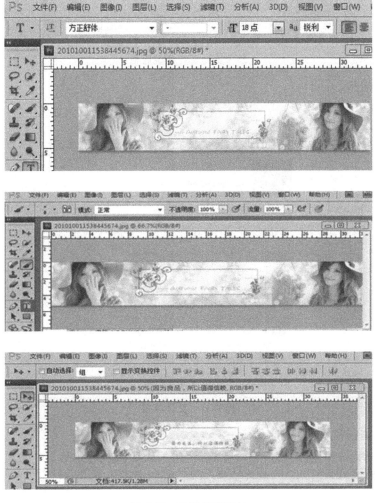

图 4-35　选择店招素材

② 添加店招文字。

添加店招文字，免费动态店招的制作可参照动态店标制作方法。

③ 保存淘宝店招。

保存淘宝店招为 Web 格式，图片为 gif 动画格式，如图 4-36 所示。

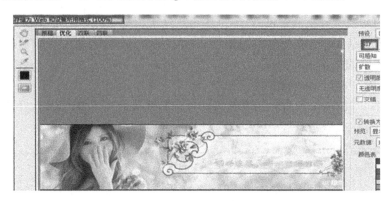

图 4-36　保存淘宝店招

④ 更改店招。

进入"淘宝—我是卖家—店铺装修"，如图 4-37 所示。

图 4-37　更改店招

⑤ 编辑店招模块。

点击"编辑"按钮，进入店招编辑模块，开始编辑店招。店招编辑方式有"在线编辑"和"选择文件"两种方法，其中"在线编辑"是付费的，如图 4-38 所示。

图 4-38 编辑店招模块

⑥ 上传店招。

选择制作好的店招素材上传(见图 4-39),图片大小必须保持在 100 KB 以下。

图 4-39 上传店招

⑦ 保存店招图片。

点击"发布",系统就会自动保存(见图 4-40)。卖家可以返回淘宝店铺查看。

图 4-40　保存店招图片

三、淘宝图片空间

淘宝图片空间是用来储存淘宝商品图片的网络空间。目前,图片空间有淘宝官方和第三方两种。

1. 淘宝图片空间的功能

① 放大镜功能(见图 4-41)。

上传的图片像素大于 1000 px×1000 px,鼠标移上图片即可查看细节图。

图 4-41　放大镜功能

② 多图多色功能(见图 4-42)。

一个商品有 5 个细节图。宝贝多色展示,买家直接根据颜色选择宝贝。

图 4-42　多图多色功能

③ 宝贝图片直接插入功能(见图 4-43)。

直接插入图片可免去繁琐的上传再复制链接的操作,为卖家避免很多麻烦。

图 4-43　图片插入功能

④ 图片多尺寸选择功能(见图 4-44)。

提供多种尺寸选择直接复制链接即可使用。

图 4-44　图片尺寸选择

⑤ 图片打开时间快。

淘宝官方图片空间和其他家相册打开速度对比如图 4-45 所示。

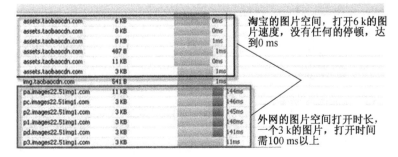

图 4-45　速度对比

2. 淘宝图片空间的优点与新功能

淘宝官方图片空间对一个钻以下的用户是免费无限量使用的,而且使用官方图片空间店铺图片打开的速度快,是新卖家开店的首选。淘宝图片空间有其独特的优点。

(1) 图片空间的优点

① 不限流量,图片永远不会显示不出来;

② 服务过期,图片仍可显示;

③ 页面打开速度快,提高买家浏览量;

④ CDN 存储,图片稳定、安全;

⑤ 免费在线图片处理;

⑥ 细节图,免费使用图片放大镜功能。

(2) 淘宝图片空间的新功能

① 自动替换,店铺图片自动批量替换;

② 引用,查看图片在店铺中的使用情况;

③ 搜索功能,按宝贝/图片名称搜索图片;

④ 自动更新,图片搬家自动更新链接;

⑤ 批量操作,批量复制、移动、删除图片;

⑥ 高速,1 次批量上传 200 张图片。

新手店家在前期不了解淘宝网店装修技巧的时候,使用官方图片空间可节省装修的精力。

3. 淘宝图片空间完整版教程

进入淘宝官方图片空间的方法有 2 种:一种是在浏览器地址栏中输入"tu. taobao. com"即可进入;另一种是在卖家版旺旺底部快速进入,如图 4-46 所示。

图 4-46　快速进入淘宝官方图片空间

① 替换图片。

第 1 步:选中图片,点击"替换",如图 4-47 所示。

图 4-47　选中图片

第2步：选择需要替换的新图片，点击"确认"按钮，如图4-48所示。

图4-48　确认替换的新图片

第3步：替换后保持图片名称不变，店铺中所有使用了这张图片的空间会批量自动替换。替换后在店铺使用【Ctrl】＋【F5】刷新，可立即查看替换效果，如图4-49所示。

图4-49　查看替换效果

② 上传图片。

点击"添加图片"按钮，从本地电脑选择要上传的图片，点击"开始上传"按钮，即可开始上传，如图4-50所示。

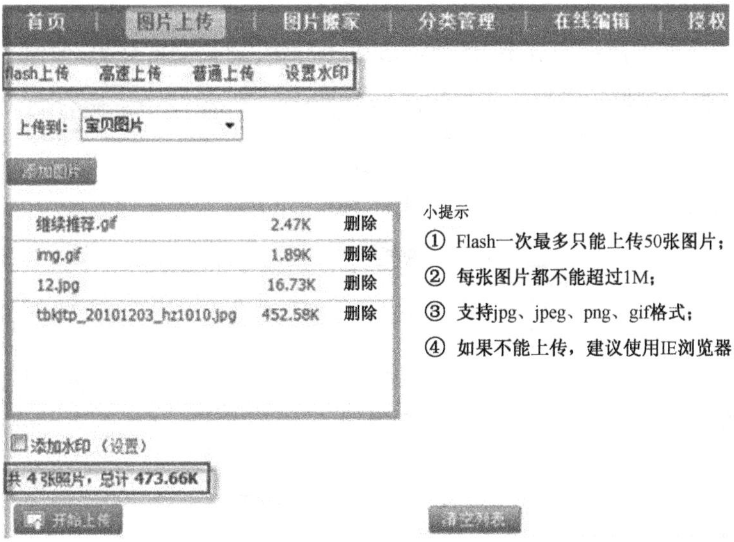

图4-50　上传图片

③ 图片中插入宝贝描述。

在宝贝描述栏里，添加对宝贝的详情描述，便于买家了解宝贝，快速促成交易，如图 4-51 所示。

图 4-51　插入宝贝描述

④ 管理分类。

通过分类管理可以添加新分类，增加一级或子分类；细化宝贝分类，如图 4-52 所示。

图 4-52　管理分类

⑤ 将其他网站的图片搬到淘宝图片空间（见图 4-53）。

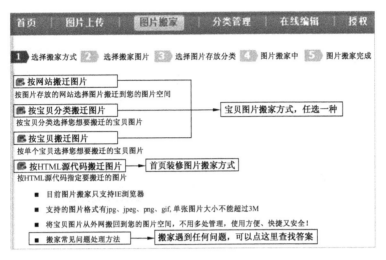

图 4-53 图片搬家

⑥ 搜索图片。

通过"上传日期""分类""名称"按钮选项，可以快速地查询到宝贝图片，如图 4-54 所示。

图 4-54 搜索图片

⑦ 图片引用关系。

引用关系，即显示图片是否被宝贝使用，被使用的图片下方会显示"引"，使用图片引用关系可方便管理，省容量，如图 4-55 所示。

图 4-55 图片引用关系

⑧ 批量管理图片。

点击"批量操作"按钮，可以在"添加授权店铺"栏目添加授权店铺名称，如图 4-56 所示。在图片上单击即可选中图片，选中后图片在左上方出现"√"。

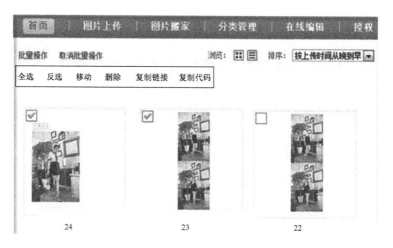

图 4-56　批量管理图片

⑨ 共享图片。

可通过"授权"与其他卖家共用淘宝官方图片空间中的图片,如图 4-57 所示。

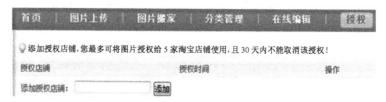

图 4-57　共享图片

⑩ 还原图片。

删除后的图片自动保存在回收站,回收站的图片不占用空间容量,7 天后自动删除。可单张或者批量还原删除的图片,如图 4-58 所示。

图 4-58　还原图片

4. 图片空间中图片搬家步骤

店铺装修图片搬家具体步骤如下：

方法1：

第1步：进入淘宝图片空间。

第2步：进入"图片搬家"，选择"店铺装修搬迁图片"，如图4-59所示。

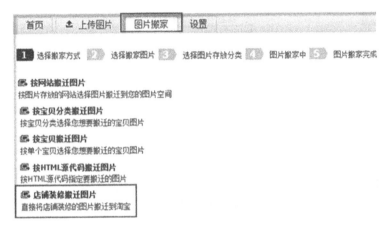

图4-59 选择"店铺装修搬迁图片"

第3步：选择要搬家的店铺（必选淘宝店铺），点击"下一步"，如图4-60所示。

图4-60 图片搬家

第4步：搬完选中的图片后，可以继续搬迁宝贝图片或返回图片空间，如图4-61所示。

图4-61 图片搬家完成

 实用电子商务

方法 2：

第 1 步：进入"店铺装修"（路径：点击"我的淘宝—我是卖家—店铺管理—店铺装修"），如图 4-62 所示。

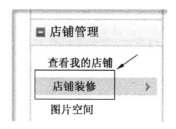

图 4-62　店铺装修

第 2 步：进入自定义内容区，复制代码，如图 4-63 所示。

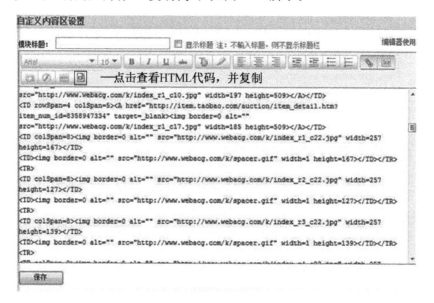

图 4-63　复制代码

第 3 步：进入淘宝图片空间。

第 4 步：进入"图片搬家"，选择"按 HTML 源代码搬迁图片"，如图 4-64 所示。

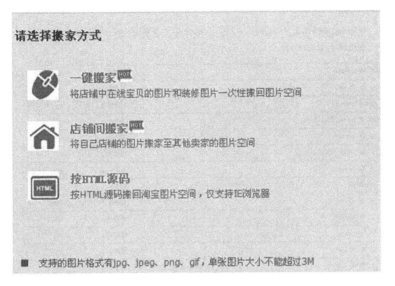

图 4-64 选择搬家方式

第 5 步：粘贴已复制的代码，并点击"下一步"，如图 4-65 所示。

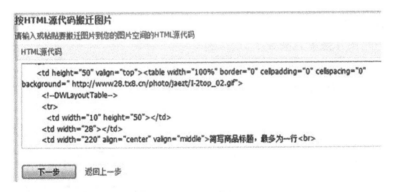

图 4-65 粘贴已复制的代码

第 6 步：选择要搬到文件夹的图片，并点击"开始搬家"按钮，如图 4-66 所示。

图 4-66 选择图片

第 7 步：开始搬送图片，如图 4-67 所示。

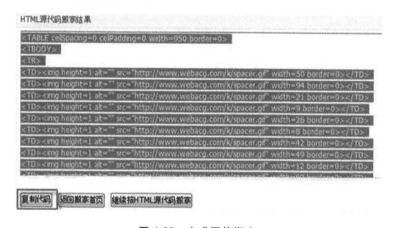

图 4-67　搬送图片

第 8 步：图片搬完后点击"复制代码"（见图 4-68），将代码粘贴到装修页面，点击"保存"按钮并发布，图片搬家就完成了。

图 4-68　完成图片搬家

5．图片空间"旺铺画报"功能

要使用这个功能，用户需要具备两个条件：

① 开通淘宝官方图片空间（因为制作画报需要在图片空间里）。

② 只支持"拓展版"旺铺及以上的版本制作且展示画报。

"旺铺功能"使用步骤如下：

① 进入"图片空间"。

图片空间导航的右侧有一个"旺铺画报"的入口，点击后即可进入旺铺画报列表页面，旺铺画报列表页面的顶部会显示旺铺画报的最新公告，以及使用教程和操作帮助，如

图 4-69 所示。

图 4-69　旺铺画报列表

② 创建新画报。

第 1 步：点击"创建新画报"按钮，进入"选择图片/创建画报"界面，如图 4-70 所示。

图 4-70　创建新画报

第 2 步：给画报取个吸引人的名字，如图 4-71 所示。

图 4-71　给画报取名

第 3 步：选择图片。

可在已有的图片中选择，也可以点击"上传新图片"，先上传再选择。可按照图片分类和关键词进行精确搜索，单击鼠标左键即可选中图片，被选择的图片右上角会显示"√"，如图 4-72 所示。

图 4-72　选择图片

第 4 步：管理已选择的图片。

选择图片区域的下方会显示"已选择图片"，并自动统计选中的数量，新增图片依次排在最后，拖动图片可调整顺序，可以选择"按图片名"或"按上传时间"进行快速排序，鼠标左键点击图片右上角的"×"可快速删除图片。点击"保存/下一步"，可进入"编辑导购链接"界面，如图 4-73 所示。

图 4-73　管理已选图片

③ 封面设置。

可设置当前图片为画报封面，如果不设置则默认第一张图片为封面，如图 4-74 所示。

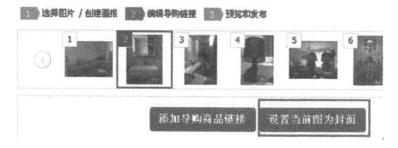

图 4-74　封面设置

④ 添加导购商品链接。

点击"添加导购商品链接"按钮，然后把导购商品图标拖到相应的位置。添加导购商品链接时，可以把店铺里的商品页面 URL 地址复制下来，然后粘贴在输入框中，如图 4-75 所示。

注意：卖家只能添加自己店铺的商品链接。点击右上角的"×"，可以取消这次导购商品链接的设置。

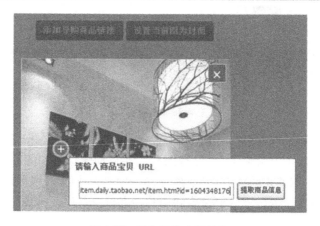

图 4-75　添加导购商品链接

⑤ 输入商品信息。

点击"提取商品信息"按钮,系统会自动提取商品的标题和价格,并展开商品信息编辑窗口。需要手动输入一个短标题(必填)和文字简述(非必填),然后点击"确认"按钮完成设置。如果点击"取消"按钮则会取消本次导购商品的设置,如图 4-76 所示。

图 4-76　输入商品信息

⑥ 添加图片描述、图片标签。

可以为每张图片添加文字描述及标签,添加完后需要点击"保存"按钮,如图 4-77 所示。

> **注意:**图片描述将出现在旺铺画报中,展示给用户浏览。用户可以在图片描述中写下对宝贝搭配的心得或推荐语。

图片标签就是当前图片的关键词。图片标签可帮助用户更准确地搜索到卖家画报图片,如"韩版 学院风 可爱 T恤""连衣裙 欧美 夏装"。

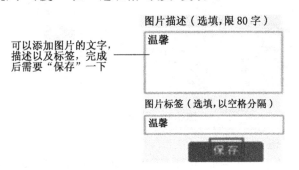

图 4-77　图片标签

⑦ 导购商品列表。

页面右侧的"导购商品列表"会显示已添加的导购商品及相关信息,可以选择对其进行"编辑"或"删除"操作,如图4-78所示。

图4-78　导购商品列表

⑧ 保存设置。

如果全部导购商品都已经设置完成,则可以保存并进入"预览和发布"界面。

⑨ 预览画报。

通过"预览和发布"可预览画报的封面,可预览画报的标题及当前图片位置,可预览图片上的导购商品及相关信息,可预览图片描述、图片缩略图、包含的导购商品、图片标签等信息,如图4-79所示。

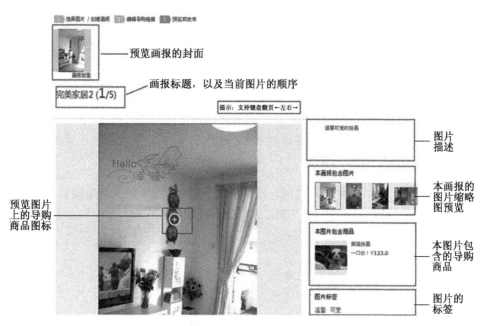

图4-79　预览画报

⑩ 点击可操作按钮。

在画报列表页面点击"上一步"按钮,可以返回上一步进行编辑修改;点击"发布画报"按钮,直接发布;点击"返回列表"按钮,会返回到画报列表页面,且当前画报会保存为"草稿"。

⑪ 返回画报列表。

在画报列表页面点击"发布画报"或"返回列表"按钮后，会返回到画报列表页面，可以修改画报列表的浏览样式，包括缩略图样式、列表样式；可选择画报的排列方式，包括按创建时间、按图片浏览量、按商品点击量。系统会自动统计已创建的画报数量，显示画报标题、画报状态。当鼠标指向某个画报的缩略图时，会展开可操作的按钮，如图4-80所示。

图 4-80　画报列表页面

⑫ 查看画报信息。

进入列表样式后，可以查看画报的商品点击量、图片浏览量、导购转化率、分享次数等统计数据。导购转化率指的是商品点击量除以图片浏览量，表示浏览导购图片的用户点击导购商品的数量，如图 4-81 所示。

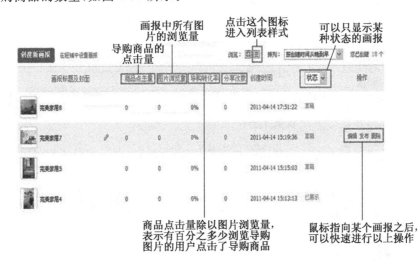

图 4-81　画报信息查看

⑬ 按状态浏览画报。

在列表样式中，可以勾选画报状态，快速搜索某种状态的画报。

四、图片添加

淘宝装修中添加图片可以让淘宝网店增色不少，淘宝商品分类图片的添加也能让网店更具吸引力。

1. 淘宝装修图片添加

① 上传图片。

首先将淘宝装修图片上传到图片空间,如图 4-82 所示。

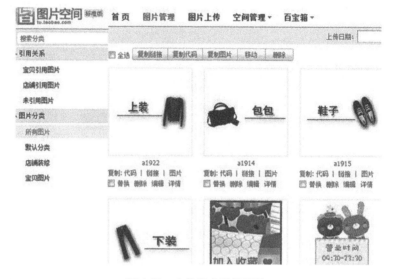

图 4-82　上传淘宝装修图片

② 添加"自定义内容区"。

依次点击"淘宝—我是卖家—店铺管理—店铺装修",进入店铺装修页面,然后点击"在此处添加新模块",选择"自定义内容区",点击"添加"按钮,如图 4-83 所示。

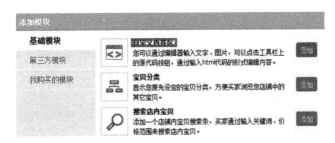

图 4-83 添加"自定义内容区"

③ 编辑"自定义内容区"。

将鼠标移动到自定义内容区上,会出现"编辑"的字样,点击"编辑"按钮,进入编辑页面,如图 4-84 所示。

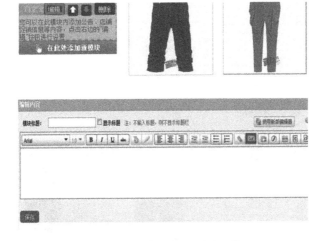

图 4-84 编辑"自定义内容区"

④ 保存淘宝图片装修效果。

查看"我的店铺",就可以看到图片装修效果,如图 4-85 所示。

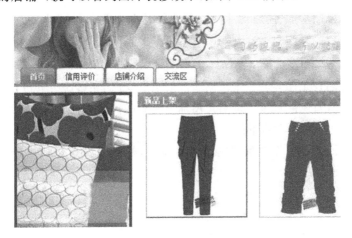

图 4-85 保存图片

2. 淘宝宝贝分类图片添加

依次点击"淘宝—我是卖家—店铺管理—宝贝分类管理—添加分类",然后复制图片空间链接地址,添加分类图片,最后"保存",返回店铺首页就可以看到图片显示的"宝贝分类"模块(必须保证淘宝店添加了"宝贝分类"模块),如图 4-86 所示。

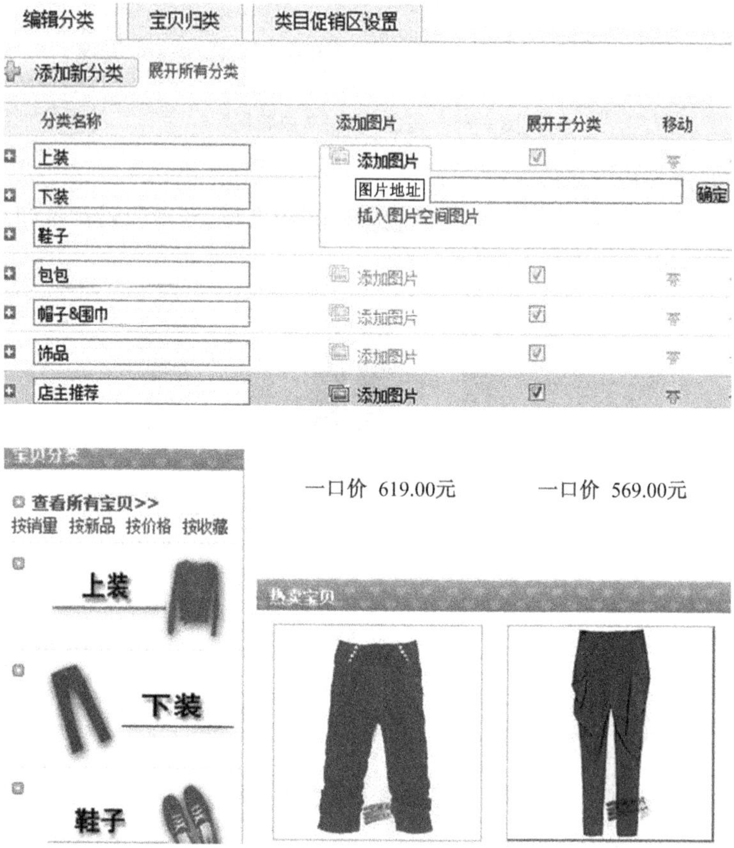

图 4-86 添加分类图片

其他淘宝装修图片如"网店营业时间装修图片""左侧素材""信誉保证""欢迎光临"等装修图片的添加步骤同上。分割线图片素材在宝贝描述编辑框中加入即可。

五、淘宝图片水印的制作与添加

精致的淘宝图片水印一能显示出网店的实力,二能防止盗版。所以现在越来越多的淘宝网店卖家都将自己的淘宝宝贝图片添加上了水印。淘宝图片水印添加的方法如下:

① 打开 Ps 并打开水印背景图。

打开 Ps 软件,打开事先准备好的水印背景图,规格最好是在 200 px×100 px 像素内,如图 4-87 所示。

图 4-87　打开水印背景图

② 模糊背景图片。

点击"滤镜—模糊",选择一种模糊方式,将背景虚化,如图 4-88 所示。

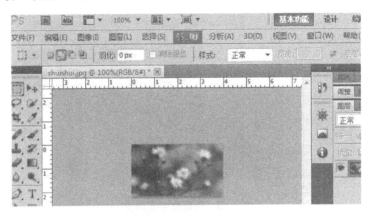

图 4-88　模糊背景图片

③ 添加水印文字。

点击图示文字按钮"T",鼠标左键点击图片,输入文字(可以在上方选择字体大小和样式),输入完毕,按回车键确定,并移动上、下、左、右键调整位置,如图 4-89 所示。

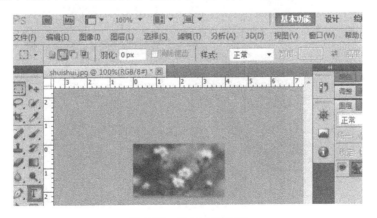

图 4-89　添加水印文字

④ 调整文字倾斜度。

按住【Ctrl】+【T】键,调出调整框(见图 4-90a),然后按住【Shift】键和鼠标左键调整字体倾斜度,如图 4-90b 所示。

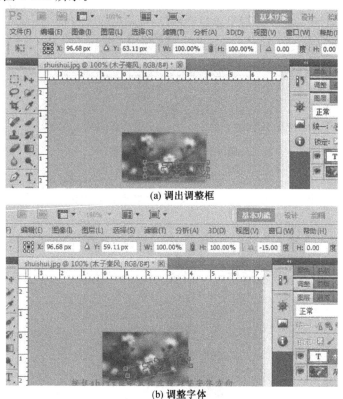

图 4-90　调整文字倾斜度

⑤ 设置水印文字效果。

点击文字图层选项,单击鼠标右键,选择"混合选项",设置图层样式。设置好后保存水印图片,如图 4-91 所示。

图 4-91　设置水印文字效果

⑥ 上传水印图片到淘宝图片空间。

依次点击"淘宝—我是卖家—图片空间—百宝箱",点击"图片上传"按钮,选择图片分类并添加图片,最后点击右侧下方"立即上传"即可,如图 4-92 所示。

图 4-92　上传水印图片到淘宝图片空间

⑦ 淘宝宝贝图片添加水印。

依次点击"图片空间—百宝箱—图片编辑"按钮,选择需要添加水印的宝贝图片,然后点击"水印"按钮,从图片空间选取做好的水印图片,如图 4-93 所示。

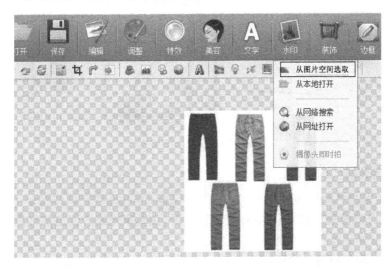

图 4-93　添加水印图片

⑧ 设置水印效果并保存。

可以根据选项设置所需要的水印效果,并点击"确定"并保存,如图 4-94 所示。

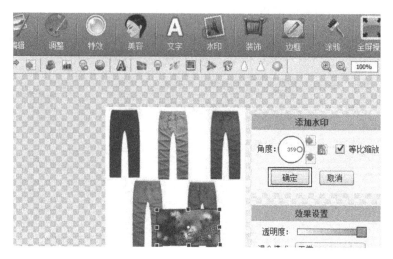

图 4-94　设置水印效果

⑨ 查看淘宝水印宝贝图片。

返回图片空间查看已添加的宝贝水印图片，如图 4-95 所示。

图 4-95　查看水印图片

六、淘宝装修代码安装

淘宝模板装修代码能方便地对淘宝店进行装修，可以将淘宝装修代码运用到宝贝描述模板、旺铺促销模板、网店公告模板等多个模板，让卖家轻松方便地装修淘宝店。

1. 淘宝首页装修代码步骤

① 进入开淘装修网，选择你喜欢的淘宝装修模板，并点击"下载"，如图 4-96 所示。

图 4-96　下载装修模板

② 打开下载的压缩文件,解压找到 txt 文档,可以看到文档中的装修代码,如图4-97所示。

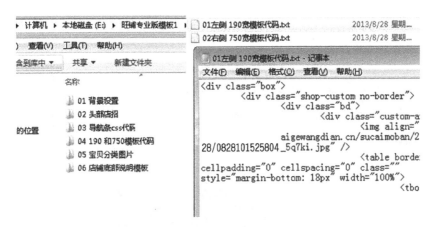

图 4-97　查看装修代码

③ 获取图片搬家后的装修代码并新建 txt 文档把代码保存下来。因为淘宝网完全禁止使用外部图片,若不做图片搬家装修后的模板,图片将无法显示。

④ 打开"卖家中心—店铺装修",进入网店首页装修页面,如图 4-98 所示。

图 4-98　店铺装修页面

⑤ 根据下载的模板进行布局设置并保存,如图 4-99 所示。

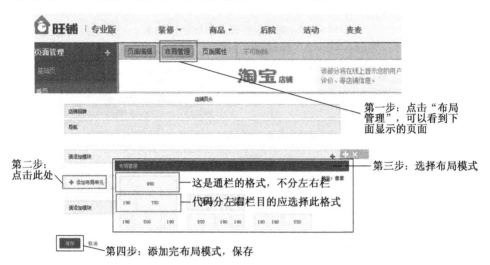

第一步:点击"布局管理",可以看到下面显示的页面

第二步:点击此处

第三步:选择布局模式

这是通栏的格式,不分左右栏

代码分左右栏目的应选择此格式

第四步:添加完布局模式,保存

图 4-99　设置并保存模板

> **注意:**如果下载的模板里面有左侧代码、右侧代码,需要选择"190+750"格式的布局;如果下载的模板里面没有标注,就选择"950"通栏的布局。

⑥ 返回装修首页,查看设置的布局模块,如图 4-100 所示。

左右模式的布局格式,适合于有左侧代码和右侧代码的装修模版

通栏的布局格式,适合于950像素的装修模版代码

图 4-100　查看布局模块

⑦ 点击"添加模块",添加"自定义内容区",进入编辑框,如图 4-101 所示。

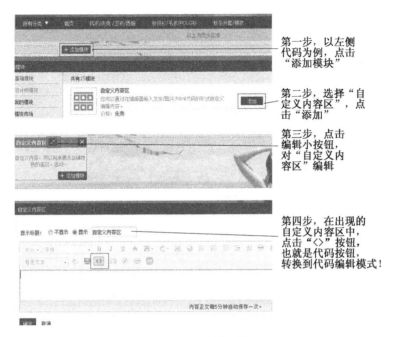

图 4-101 设置布局

⑧ 打开图片搬家后获取新代码并复制，将复制的代码粘贴到刚才的"自定义内容区"，然后点击"代码图标"，预览效果，最后点击"确定"按钮，如图 4-102 所示。

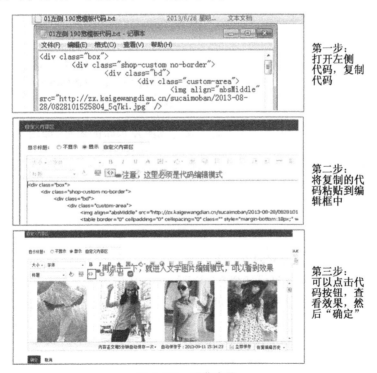

图 4-102 预览布局

⑨ 页头、页面背景设置。在下载的压缩文件中找到页头、页面背景图(见图 4-103)，替换后注意保存。

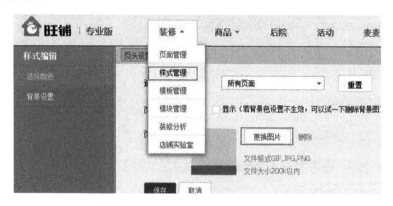

图 4-103　背景设置

⑩ 店招的设置可以采用代码模式，也可以采用图片格式，如图 4-104 所示。

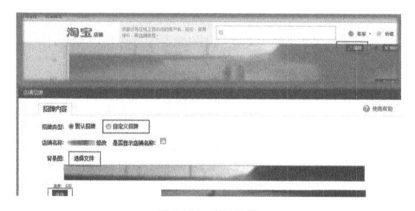

图 4-104　店招设置

⑪ 点击店铺首页右上角的"发布"就可以完成图片水印的添加，如图 4-105 所示。

图 4-105　添加完成图片水印

2. 宝贝详情页宝贝描述模板代码装修步骤

首先进入开淘装修网宝贝描述栏目，下载宝贝描述模板。

① 点击"卖家中心—出售中的宝贝"，找到一款宝贝，点击"编辑宝贝"，如图 4-106 所示。

图 4-106　编辑宝贝

② 进入宝贝信息编辑页面，找到"宝贝描述"编辑框，对宝贝信息进行编辑。点击代码，进入代码编辑模式，如图 4-107 所示。

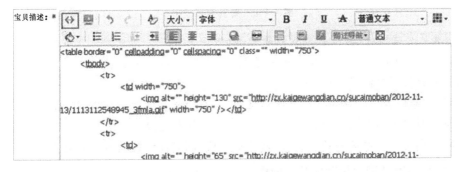

图 4-107　宝贝描述

③ 将下载的宝贝描述模板解压后打开其中的 txt 文档，复制其中的代码粘贴到编辑框中，如图 4-105 所示。

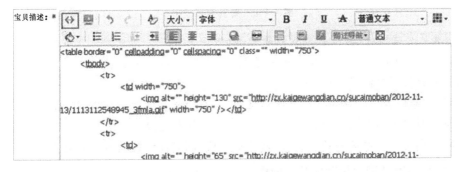

图 4-108　复制粘贴代码

④ 再次点击代码图标，返回到文字编辑模式，对其中的一些内容进行编辑，如图 4-109所示。

再点击一次此按钮，便可看到图片文字模式的显示样式

图 4-109　文字编辑

⑤ 编辑完毕后，点击"确认"，就可以在前台看到图片效果，如图 4-110 所示。

图 4-110　查看图片效果

3. 其他公告模板、特效代码模板等的添加

这些模板的添加，其实都是一样的道理，在网店首页或者其他页面建立一个自定义区域，然后将代码复制进去即可。

用淘宝装修代码装修网店的 3 个步骤：首先将模板代码复制到自定义内容区的编辑框内；然后对模板中的图片进行替换；最后保存。淘宝装修代码教程可以运用到很多装修模块，如淘宝宝贝描述模块、淘宝店铺轮播模块、网店促销模块及店铺公告模块等。

七、用淘宝助理上传宝贝装修模板

淘宝助理是一款很好的淘宝宝贝编辑和宝贝上传工具，运用淘宝助理不仅能快捷批量上传宝贝，还能快捷上传淘宝免费装修模板，进行免费网店装修。使用淘宝助理上传淘宝装修模板的方法如下：

① 下载所需模板文件夹。

首先，进入网店装修频道模板下载专区，挑选喜欢的模板，点击"下载"，将文件存到 E

盘的文件夹中（当然也可以保存到 C,D,F 盘），如图 4-111 所示。

图 4-111 下载模板文件夹

② 解压装修模板压缩文件。

将下载的压缩文件解压到当前文件，打开其中的"images"文件，如图 4-112 所示。

图 4-112 解压文件

③ 替换"index"文件中的图片位置。

复制图片路径,然后用记事本方式打开"index"文件,选择"编辑—替换",将"images"替换成"E:\下载\muban1\images",最后点击"全部替换"(注意:点击一次即可),如图 4-113 所示。

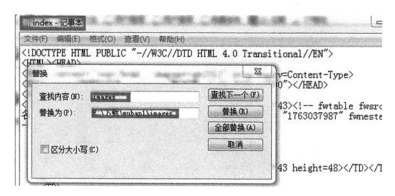

图 4-113　替换图片位置

④ 复制代码并打开淘宝助理。

复制修改后的"index"文件中的代码。点击"全选—复制"按钮,然后打开"淘宝助理"(没有淘宝助理的可以先下载),如图 4-114 所示。

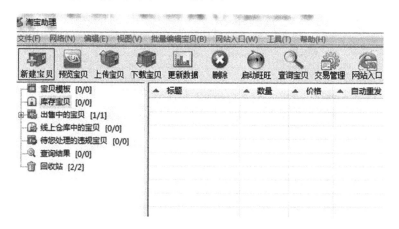

图 4-114　打开淘宝助理

⑤ 新建宝贝模板。

点击"新建宝贝—宝贝模板",在编辑单个宝贝页面点击"编辑基本信息",编辑宝贝的信息,如图 4-115 所示。

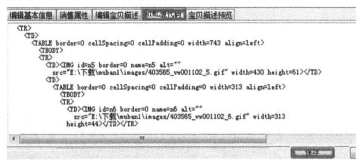

图 4-115 新建宝贝模板

⑥ 复制 HTML 源代码并保存。

点击"HTML 源代码"按钮,将复制的代码粘贴上去,然后点击"保存"按钮进行保存,如图 4-116 所示。

图 4-116 复制并保存代码

⑦ 上传宝贝并进行图片搬家。

点击"宝贝模板",勾选"促销模板",然后点击"上传宝贝",点击选中的促销模板并点击"确定"按钮,如图 4-117 所示。

(a) 勾选"促销模板"

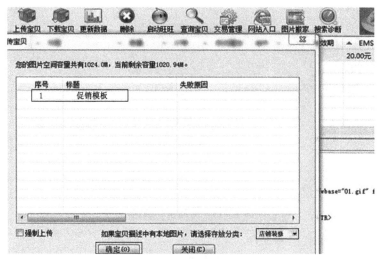

(b) 点击选中的促销模板

图 4-117　上传宝贝

⑧ 复制装修代码并装修网店。

进入"图片搬家",选择"图片存放分类",点击"马上搬家",这样模板就上传到的图片
空间了。复制图中代码,可以进行任意模块的店铺装修。进入淘宝店查看宝贝详情页,
可以发现模板已经添加,如图 4-118 所示。

(a) 上传模板

```
编辑基本信息 销售属性 编辑宝贝描述 HTML源代码 宝贝描述预览
<TABLE border=0 cellSpacing=0 cellPadding=0 width=743><!-- fwtable fwsrc="未命名" fwbase="01.gif
<TBODY>
<TR>
<TD><IMG id=n1 border=0 name=n1 alt="" src="http://img03.taobaocdn.com/imgextra/i3/191989974/T2m
<TR>
<TD>
<TABLE border=0 cellSpacing=0 cellPadding=0 width=743 align=left>
<TBODY>
<TR>
<TD><IMG id=n2 border=0 name=n2 alt="" src="http://img03.taobaocdn.com/imgextra/i3/191989974/T2J
<TD height=95 background=http://img03.taobaocdn.com/imgextra/i3/191989974/T2XEqzX1OXXXXXXXXX_!!!
<MARQUEE direction=up height=92 width=330 scrollAmount=2自定义内容区330*92</MARQUEE></TD>
<TD><IMG id=n4 border=0 name=n4 alt="" src="http://img03.taobaocdn.com/imgextra/i3/191989974/T2E
<TR>
<TD>
<TABLE border=0 cellSpacing=0 cellPadding=0 width=743 align=left>
<TBODY>
<TR>
<TD><IMG id=n5 border=0 name=n5 alt="" src="http://img02.taobaocdn.com/imgextra/i2/191989974/T2R
<TD>
<TABLE border=0 cellSpacing=0 cellPadding=0 width=313 align=left>
```

(b) 复制代码

(c) 添加模板

图 4-118　装修网店

　　淘宝助理上传淘宝装修模板的方法主要有三个步骤:一是建立一个新的装修模板;二是将模板上传到图片空间;三是复制代码装修网店。

 拓展练习

　　(1) 在淘宝网上注册自己的网店,设计网店 Logo。

　　(2) 根据自己的喜好和理解,利用淘宝助理上传宝贝对网店进行装修。

　　(3) 通过阿里巴巴、卓越网等网络平台注册自己的网站并进行装修设计。

任务小结

　　一、学习笔记(记录个人在任务练习过程中对知识、技能的掌握情况及体会与思考)

_____

_____

_____

_____

_____

　　二、任务考核

　　网店装修学习考核的具体内容见表 4-3。

表 4-3　网店装修学习考核

职业能力	评价指标	任务完成情况	备注
知识掌握能力	会制作淘宝店标		
	能进行装修图片的添加		
	会制作并添加淘宝图片水印		
	熟悉淘宝装修代码安装步骤		
	会用淘宝助理上传宝贝装修模板		
自我管理能力	掌控时间能力		
	学习积极性		
交流能力	有效与他人沟通		
	团队合作精神		
创新能力	发现并解决常规问题能力		
	推出新的有价值的思路方法		
小组评价			
教师评价			
成绩	签字：		

任务四　网店推广

 学习目的

(1) 掌握管理网店标题吸引客户的方法,了解网店商品的定价策略;

(2) 了解常见网店基本促销活动及网店营销的方式;

(3) 学会在淘宝社区推广网店的正确方法及店外推广赚银币抢社区广告位的方法;

(4) 掌握店内推广找准定位及扩展促销区功能的方法。

 任务提出

通过项目四前 3 个任务的学习,芳芳已经在淘宝网站上搭建了自己的网店,并开始了自己的网店经营,每天零星也有几单生意,但如何让更多的人知道自己的网店,生意更加红火起来,她还需要学习一些网站推广和营销方面的知识。请教她如何进行网店推广。

相关知识及任务实施

一、网店管理的商品标题一定要"丰满"

淘宝开店,商品能被顾客搜索到,商品标题很关键。

1. 吸引人的标题是增加商品点击率的关键

在影响淘宝站内搜索结果排名的诸多要素中,商品标题描述是很重要的一个要素。商品标题要限定在 30 个汉字以内,否则会影响发布;建议卖家将标题设置得生动,从而吸引买家点击。一个精心策划过的描述标题,通常要花 5 分钟,优化过的标题会带来意想不到的流量,让卖家的商品在买家搜索相关产品时排在搜索页的前列。

2. 设置最吸引人的标题

相信很多有过淘宝网购物经验的人都见过很多花哨的商品标题,诸如"★""="等符号被很多卖家使用,目的是吸引买家的注意力。然而如此设置的标题,对商品本身是一种伤害,这样的设置对搜索结果没有任何帮助,选择一两个与商品最密切的关键词,加上优惠促销口号的标题会吸引人。

二、网店商品的定价策略

确定商品的价格合理是非常重要的。如果商品价格过高可能无人问津,如果过低的话,买家如果讨价还价,有可能最终只有微利,甚至会没有利润了。网上商品定价时应注意以下策略:

（1）竞争策略

卖家应该时刻注意潜在顾客的需求变化，可以经常关注顾客的需求，让网店向顾客需要的方向发展。在大多数网上购物网站上，经常会将网站的服务体系和价格等信息公开，这为卖家了解竞争对手的价格提供了方便。随时掌握竞争者的价格变动，调整自己的竞争策略，时刻保持产品的价格优势。

（2）捆绑销售的秘诀

其实捆绑销售这一概念在很早以前就已经出现，但是引起人们关注的原因是由于1980 年美国快餐业的广泛应用。麦当劳通过这种销售形式促进了食品的购买量。现在这种策略已经被许多精明的企业所应用。卖家往往只注意产品的最低价格限制，经常忽略利用有效的手段减小顾客对价格的敏感程度。网上购物完全可以通过购物车或者其他形式巧妙运用捆绑手段，使顾客对所购买的产品价格更满意。

（3）比较定价法

如果不确定某件商品的网上定价情况，可以在淘宝网上搜索商品，在查询结果中就可以知道同类商品在网上的报价，然后确定出自己的报价。

（4）特有的产品和服务要有特殊的价格

产品的价格需要根据产品的需求来确定。当某种产品有它很特殊的需求时，不用更多地考虑其他竞争者，只要制定合适的价格就可以了。如果需求已经基本固定，就要有一个非常特殊、详细的报价，用价格优势吸引顾客。很多店家在为自己的产品定价时，会确定一个较高的价格，用来保护自己的产品，而同时又在低于这个价格的情况下进行销售。其实这一现象完全是一个误区，因为当顾客的需求并不十分明确的时候，店铺为了创造需求，使顾客接受自己制定的价格，就必须去做大量的工作。然而实际上，如果制定了更能够让顾客接受的价格，这些产品可能销售得较好。

（5）考虑产品和服务的循环周期

店家在制定价格时一定要考虑产品的循环周期。从产品的生产、增长、成熟到衰落、再增长，产品的价格也要有所反映。

（6）品牌增值与质量表现

一定要对产品的品牌十分注意，因为它会对顾客产生很大的影响。如果产品具有良好的品牌形象，那么产品的价格将会产生很大的品牌增值效应。在关心品牌增值的同时，更应该关注的是产品给顾客的感受，感觉它是一种廉价产品还是精品。

（7）商品定价一定要清楚明白

定价一定要清楚明白，定价是否包括运费要交代清楚。否则有可能引起麻烦影响到店铺的声誉，模糊的定价甚至会使有意向的客户放弃购买。

三、常见网店基本促销活动介绍

最基本、最常用的网店促销模式如下：

（1）同步促销

如图 4-117 所示，这是一个网店同步执行的两个促销活动，也是网络上最常见的两种促销活动。图 4-117a 显示的是换购活动，卖家把活动门槛设置得很低，在店铺中购买任意一个商品都可以加一分钱得到一个开瓶器钥匙扣一个，这样每个顾客都可以得到实惠,从而更愿意留下来产生购买行为,而卖家不仅从中得到了更多利润也得到了更多的评价信用,可以使店铺的升级速度加快,一举两得。图 4-119b 显示的是满 100 元包快递活动,因为前一个活动的门槛低,顾客的平均购买金额会比较低,这直接影响卖家的利润,于是卖家加了这个活动来对前一个活动进行补充,利用满 100 元包快递的活动来增加顾客的购买金额,金额增加了利润也就增加了。这两个活动的组合可以说是策划得很成功,组合起来达到了留住顾客、提升信用、增加利润 3 个目的。

(a) 换购　　　　　　　　　　　　(b) 包快递

图 4-119　同步促销

（2）常年促销

如图 4-120 所示,这是一个店铺中常年执行的促销活动,主题是:6 条内裤全国包 EMS 特快专递。看似简单的活动却带动了非常多的同行来模仿。策划活动的目的明确,一是为了增加每位顾客的购买数量,从而提高单个顾客带来的利润,活动执行前大部分购买内裤的顾客都是购买 2 条左右,整体利润比较低,执行这个活动后大部分的顾客都选择购买 6 条,虽然要多支出运费成本,但是总的利润成倍增加了;二是为了快速提升店铺的信用级别,每位顾客购买 6 条内裤,都会带来 6 个信用评价,而以往都只有 1 个或 2 个信用评价,因此这个活动对店铺一年达到皇冠信用级别产生了重要的作用。

图 4-120　常年促销

（3）另类促销

图 4-121 所示图片看起来比较另类,这是目前淘宝网很流行的一种促销活动——秒杀。秒杀活动的策划比较简单,只要把原价较高的商品设置一个非常低的秒杀价格,然后在原先计划好的秒杀时间把商品推出就可以了,但是绝大部分秒杀的卖家都觉得秒杀活动看似很热闹,但是效果并不好。效果不好的原因是没有明确秒杀活动的目的,所以才做不出效果。秒杀活动虽然有刺激顾客购买商品的作用,很多人也都认为这是秒杀活动的目的,但是秒杀的作用其实是提升店铺的人气,为店铺拉来更多的潜在顾客,因此在策划秒杀活动的时候,一定要考虑到如何把这次活动在店外进行推广,让更多的人知道这次活动然后来到店铺中参与。

图 4-121　另类促销

上面介绍的 3 种促销活动都是比较常见的,如果想让顾客对店铺印象深刻,最好的办法是做一场有新意的、特别的促销活动,这就要考验卖家的活动策划能力了。对于活动的策划,可以在生活中、实体店铺的促销活动中寻找灵感,然后把想到的活动步骤用适合网络店铺的形式编排好。

四、网店营销方式多样化

一般商家对节假日的促销格外重视,实体店铺对周末、节假日任何一个促销的机会都不会错过,开网店也应该如此。网店促销方式主要有以下几种:

(1)节假日促销

节假日是实体店铺大力促销的最佳时机,同样,对于网店,节假日正是买家有时间购物的时候,卖家可多做促销以吸引买家。一年之中节假日众多,元旦时卖家可以举行新年的促销活动,新年前的一段时间正是买家购买力旺盛的时候,每个人都在为过新年做准备;春节的时候要为来年春天做准备,春装新登场更需要大力促销。因此,卖家一定要抓紧各个节假日多做促销活动。

(2)店庆促销

店庆是每个店铺都可以用来做促销的一个好机会。每个店铺在店庆日的时候可以根据情况加大活动的力度。

(3)周末活动

利用周末进行促销是很多实体店的选择,淘宝网也推出了类似的活动,如周末疯狂购等。活动需要报名后经过审核才能参加,但是如果是店铺自己进行的促销,就可以每个周末进行。周末促销是每个店铺都可以选择的促销方式,不管是新的店铺还是皇冠店铺,任何促销都可以吸引买家的注意。但是促销活动一定要符合店铺特色,要从吸引买家转化成使买家购买,这才是好的促销。

五、在淘宝社区推广网店的正确方法

在淘宝社区吧等淘宝论坛发帖推广网店是新手店家常用的方法,但它是有限制的,需要掌握正确的方法。

（1）在专区发布

在广告专栏、批发代理区、商品专柜区，必须按照规定格式发布，发布次数不在于多，而在于内容吸引人，因为重复发帖只会引来删帖的危险。

（2）签名广告

设置自己的图片或文字签名，放上自己的广告，增加自己的曝光率，在哪里发帖，签名广告就跟帖子走到哪里。

（3）广告位

拥有自己的广告位，可以利用自己的金币兑换，也可以直接购买。

（4）社区店铺

申请社区店铺，拥有一个自己的社区板块，可以展示自己商品，管理自己的论坛文章。

（5）道具推广

可以用金币去道具商店购买道具，使用道具更好地推广自己的帖子。另外，需要注意的是，① 帖子发表时不要一开始就发广告，这样的帖子很容易被作为广告帖删除。可利用长帖短发方式，在后面的跟帖里发广告，一般不会被删除。② 一个帖子刚刚发表时，版主一般要进行检查，如果此时有广告内容，一般会被删除，但经过一段时间后再对原帖进行修改，重新将广告内容加上，成功率会高一些。

六、店外推广之赚银币抢社区广告位

为了给网店带来更多的曝光机会，很多店长疯狂地发帖子，其实，店长更应该做的是应抓住流量时机，掌握抢购技巧，占领黄金广告位。

（1）社区广告解释

使用淘宝社区的银币抢购的广告位叫作"社区广告位"。有 3 种广告位是需要银币的：① 社区首页图片推荐位 50 个银币一个位置，数量 10 个，抢购时间：13：00 开始；② 论坛左边文字推荐位 20 个银币一个位置，数量 20 个，抢购时间：16：00 开始；③ 站内信推荐位 30 个银币一个位置，数量 10 个，抢购时间：21：00 开始。

（2）抢购之前"有备而战"，抢购之时"信手拿来"

在抢购广告位之前要做好充分的准备工作，熟练掌握抢购广告位的每一步操作，做到统筹安排，节省时间。① 事先复制好广告语，然后把店铺地址选中方便下一步复制；② 按【Caps Lock】键把输入法转换为大写便于输入验证码；③ 抢购开始前一分钟打开社区首页，点击预订广告位；④ 用鼠标一直点击浏览器上方的刷新按钮直到填写广告信息的页面出现；⑤ 按【Ctrl】+【V】粘贴之前复制的广告语，然后用鼠标切换记事本，按【Ctrl】+【C】复制已经选中的店铺地址。再切换回广告信息填写页面，按【Ctrl】+【V】粘贴店铺地址，最后输入验证码。

（3）选择合理抢购时间做到"事半功倍"

用银币抢购社区广告位一定要运用恰当，否则就会"赔了夫人又折兵"，既损失了宝贵的银币，又不能提高多少浏览量，交易也不见增加。卖家要在淘宝买家流动比较多的时候做广告，一般来说，星期四、五、日的人流较多，所以这期间抢购广告位是更有效的，广告的浏览量也能发挥到最大。

七、店内推广一定要找准定位

通过仔细分类,找到自己店铺要经营的产品,接下来给店铺一个准确的定位。确立了顾客群,进到了心仪的商品,就要考虑应该如何定位店铺。卖家可以按以下 2 个步骤着手定位。

① 深入调查学习,了解同行的店铺都是如何经营的,进行市场调研。

卖家可以以消费者的身份进入网络的同行店铺,了解其销售得商品,价格定位,热销的产品有哪些,客服是如何接待顾客的,其店铺有什么地方比较有特点可以吸引消费者等。

卖家还可以以消费者的身份进入销售同类商品的实体店铺中,了解实体店铺和网络店铺的价格差异、客户服务差异,以及实体店铺的热销商品,寻找实体店铺消费者的消费需求。

当卖家在同行的店铺中走得够多,看得够多的时候,一定可以了解到这些店铺的缺点和优点,在开店过程中更好地避免犯同样的错误,提升自己。

市场调研的切入角度有很多,卖家可以根据实际情况得到更多的行业情况、同行资料、消费者信息等,准备得越充分,以后在经营自己店铺的时候,才可以少走弯路。

② 定位好自己的经营思路。

店铺的经营思路也就是指卖家想在店铺中打出什么样的"牌"。不同的经营思路也就是打出不同的"牌",常见的有 2 种:价格牌:以价格为店铺定位点,利用价格吸引顾客,如两元店、平价店等;专业牌:以专业性为店铺定位点,利用商品或店铺的专业表现吸引顾客,比如某产品专卖店、某专业人士开设的店铺等。

八、网店推广学会扩展促销区功能

一般网店都会做促销,因此店家都会拿出模板的一块区域专门放促销信息,其实网店的促销区就是店铺首页的自定义区,早期店家对旺铺进行装修时,通常把自定义区当作促销活动宣传栏使用,所以习惯性地把自定义区称为促销区。

老版的旺铺对于促销区是有尺寸限制的,只有 750 px×500 px 可供卖家使用。新版的旺铺对于促销区的数量和尺寸则没有限制,采用了模块式的设计,卖家可以自由设计店铺的主体结构,可以随意在更大的空间中发挥自己的创意。

随着时间的推移,淘宝官方也一直不断地优化旺铺的各种功能和结构。卖家也随着这种改变,不断地改进自己旺铺的装修。很大一部分顾客首先会进入店铺首页,有些顾客进入店铺首页是为了得到一些信息,有些顾客则只是随便逛逛,他们可能是想通过首页进入店铺的其他地方。卖家应该在店铺首页的促销区放入哪些信息才能满足第一种顾客的信息需求,再放入哪些信息才能让另一种顾客在店铺中停留更久呢? 以下是几个促销区的案例。

如图 4-122 所示,几乎大部分早期旺铺的促销区都是这样。漂亮的背景、几个推荐的商品、公告区、联系信息,最下面一排是滚动的推荐商品,直到现在很多店铺还使用与之类似的促销区模板。这样的模板有几个典型的缺点:公告中滚动的文字看起来很吃力,很难把信息准确地传达给顾客;推荐的商品图片太小,除了图片没有别的信息,很难吸引顾客;最大的缺点是,这种模板在店铺中的显示速度非常慢,顾客通常要经过很长时间才能看到页面。

图 4-122 早期促销区

如图 4-123 所示,这是一个卖少数民族饰品店铺的促销区,这样的促销区可以给顾客留下很深刻很美好的记忆。这是 2008 年下半年以后比较常见的一种促销区的设置,这样的促销区功能性比较明显,它可以传达卖家的个性特点,让买家和卖家在心理上产生共鸣。建议有个性的卖家使用这样的促销区,最好能在个性的基础上再加一点推广的元素,效果会更好。同时建议卖家不要一味地模仿,要有自己的风格,否则会弄巧成拙。

图 4-123 个性化促销区

 拓展练习

(1). 利用所学知识对自己的网店进行推广,至少列出 5 种推广方法,并从特点、费用、

形式和效果方面分析。

（2）撰写一份不少于1000字的网店商品推广促销方案。

任务小结

一、学习笔记（记录个人在任务练习过程中对知识、技能的掌握情况及体会与思考）

_____

_____

_____

_____

二、任务考核

网店推广学习考核的具体内容见表4-4。

表 4-4　网店推广学习考核

职业能力	评价指标	任务完成情况	备注
知识掌握能力	标题吸引客户，了解网店商品的定价策略		
	熟悉常见网店基本促销活动及网店营销方式的多样化		
	懂得在淘宝社区推广网店的正确方法及店外推广如何赚银币抢社区广告位		
	能在店内推广找准定位及扩展促销区功能。		
自我管理能力	掌控时间能力		
	学习积极性		
交流能力	有效与他人沟通		
	团队合作精神		
创新能力	发现并解决常规问题能力		
	推出新的有价值的思路方法		
小组评价			
教师评价			
成绩	签字：		

项目五

电子商务物流管理

本项目通过淘宝卖家物流管理、大型电商企业物流模式及电商大型促销活动供应链管理等相关任务,介绍了电子商务物流管理的基本知识,讲解了物流、配送、供应链管理等在电子商务中的作用。

- **知识目标**:了解物流和配送的基本概念;
  - 了解供应链的相关概念;
  - 掌握物流配送环节模版的设置;
  - 掌握常见的现代物流模式;
  - 掌握建立供应链的基本步骤及实施过程。
- **技能目标**:能够完成电子商务中供应链打造及物流配送环节。
- **素养目标**:了解电子商务发展与供应链管理的相互关系,提升对电商物流的组织、协调管理能力。

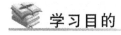

任务一　物流与配送

 学习目的

（1）了解物流和配送的基本概念；

（2）了解电子商务下物流配送的特点；

（3）掌握物流配送环节相关模板的设置；

（4）掌握物流配送环节包装及运输方式的选择。

 任务提出

小强是淘宝网的一名普通卖家，在网店开张交易前要做好物流配送的相关准备工作。请帮助小强完成淘宝卖家中物流管理的相关设置，并结合销售产品选择合适的包装方式及运输方式。

相关知识

一、物流的定义与发展

1. 定义

物流是指为了满足客户的需求，以最低的成本，通过运输、保管、配送等方式，实现原材料、半成品、成品或相关信息由商品的产地到商品的消费地进行的计划、实施和管理的全过程。物流是一个控制原材料、制成品、产成品和信息的系统，从供应开始经中间环节的转让及拥有而到达最终消费者手中的实物运动，以此实现组织的明确目标。现代物流是经济全球化的产物，也是推动经济全球化的重要服务业。世界现代物流业呈稳步增长态势，欧洲、美国、日本成为当前全球范围内的重要物流基地。

中国物流行业起步较晚，但随着国民经济的飞速发展，物流业的市场需求持续扩大。进入 21 世纪以来，在国家持续加强和改善宏观调控政策的影响下，中国物流行业保持较快增长速度，物流体系不断完善，行业运行日益成熟和规范。

2. 发展

在经济全球化和电子商务的双重推动下，物流业正在从传统物流向现代物流迅速转型，并成为当前物流业发展的必然趋势。在系统工程思想的指导下，以信息技术为核心，强化资源整合和物流全过程优化是现代物流的最本质特征。

"十二五"期间，中国第三产业年复合增长率达 16%，2012 年服务业占 GDP 的比重为 44.6％,预计 2015 年将提升至 47％,服务业未来三年的复合增长率约 12％。

从产业细分的角度来看,基础物流服务(仓储和运输)增速将仅能达到 7％左右的水平。过去十年,以简单仓储和普通运输为代表的基础物流业务年均增速约为 10％,显示出较低的进入壁垒、技术含量和议价能力。随着经济转型的逐步深入,并参考发达国家的经验,中国整体物流成本占 GDP 的比例出现下滑趋势。"十二五"期间,传统仓储和普通运输服务等基础物流业态年均增长略低于 GDP 的增长水平,增速维持在不足 7％。

二、配送的定义与要素

1. 定义

配送是指在经济合理区域范围内,根据客户要求,对物品进行拣选、加工、包装、分割、组配等作业,并按时送达指定地点的物流活动。配送是物流中一种特殊的、综合的活动形式,是商流与物流紧密结合,包含了商流活动和物流活动,也包含了物流中若干功能要素的一种形式。

2. 要素

① 集货——将分散的或小批量的物品集中起来,以便进行运输、配送的作业。

集货是配送的重要环节,为了满足特定客户的配送要求,有时需要把从几家甚至数十家供应商处预订的物品集中,并将要求的物品分配到指定容器和场所。

② 分拣——将物品按品种、出入库先后顺序进行分门别类堆放的作业。

分拣是配送不同于其他物流形式的功能要素,也是决定配送成败的一项重要支持性工作。它是完善送货、支持送货的准备性工作,是不同配送企业在送货时进行竞争和提高自身经济效益的必然延伸。所以,也可以说分拣是送货向高级形式发展的必然要求。分拣会大大提高送货服务水平。

③ 配货——使用各种拣选设备和传输装置,将存放的物品按客户要求分拣出来,配备齐全,送到指定发货地点。

④ 配装——单个客户配送数量不能达到车辆的有效运载负荷时,就存在如何集中不同客户的配送货物,进行搭配装载以充分利用运能、运力的问题,这就需要进行配装。与一般送货的不同之处是,通过配装送货可以大大提高送货水平及降低送货成本,所以配装是配送系统中有现代特点的功能要素,也是现代配送不同于传统送货的重要区别之一。

⑤ 运输——与运输中的末端运输、支线运输和一般运输形态的主要区别是,配送运输是距离较短、规模较小、额度较高的运输形式,一般使用汽车作为运输工具。与干线运输的区别是,配送运输的路线选择问题是一般干线运输中不存在的,干线运输的干线是唯一的运输线,而配送运输由于配送客户多,且城市交通路线较复杂,因此组合最佳路线,使配装和路线有效搭配等难度较大。

⑥ 送达服务——将配好的货运输到客户还不算配送工作结束,这是因为送达货和客户接货往往还会出现不协调,严重的还会使配送前功尽弃。因此,要圆满地实现运到货物的移交,并有效、方便地处理相关手续并完成结算,还应讲究卸货地点、卸货方式等。

⑦ 加工——配送加工是按照配送客户的要求进行的流通加工。

在配送中,配送加工这一功能要素不具有普遍性,但往往是有重要作用的功能要素。

这是因为通过配送加工,可以大大提高客户的满意程度。配送加工是流通加工的一种,但配送加工有它不同于流通加工的特点,即配送加工一般只取决于客户要求,其加工的目的较为单一。

三、电子商务下物流配送的特点

物流配送是为电子商务服务的。电子商务与物流配送是一种互动的发展关系。如何实现二者的无缝衔接和良性互动发展,加快物流配送企业的信息化、产业化、智能化、人性化建设,提升物流配送企业的核心竞争力,构建现代商务平台,解决电子商务与物流配送的模式创新,是物流企业面临的一个难题。物流与电子商务的标准化建设,现代物流信息化系统规划,以及各种新型的物流与电子商务技术的广泛应用,优势互补,全方位合作,必将带动整个物流行业走入低成本、高效率的物流新时代,助推电子商务与物流业的蓬勃发展。

(1)物流信息化

电子商务时代,物流信息化是电子商务的必然要求。物流信息化表现为物流信息的商品化、物流信息搜集的数据库化和代码化、物流信息处理的电子化和计算机化、物流信息传递的标准化和实时化、物流信息存储的数字化等。因此,条码技术、数据库技术、电子订货系统 EOS、电子数据交换 EDI、快速反应 QR、有效客户反应 ECR、企业资源计划 ERP 等技术和观念,在我国物流业中将得到普遍的应用。信息化是一切的基础,没有物流的信息化,任何先进的技术装备都不可能应用于物流领域,信息技术及计算机技术的应用将彻底改变我国物流业的面貌。

(2)物流自动化

自动化的基础是信息化,核心是机电一体化,外在表现是无人化,效果是省力化。物流自动化还可以扩大物流作业的能力,提高劳动生产率,减少物流作业的差错等。物流自动化的设施非常多,如条码/射频自动识别系统、货物自动分拣与自动存取系统、自动导向车,以及货物自动跟踪系统等,这些设施和系统在发达国家已普遍应用于物流作业流程。我国的物流业由于起步晚、发展水平低,物流自动化技术的普及还需要相当长的时间。

(3)物流网络化

物流领域网络化的基础是信息化,这里指的"网络化"有两层含义:一是物流配送系统的计算机通信网络,包括物流配送中心与供应商或制造商的联系要通过计算机网络,与顾客之间的联系也要通过计算机网络。例如配送中心向供应商提出订单,就可以使用计算机通信方式,借助于增殖网络 VAN 上的电子订货系统 EOS 和电子数据交换 EDI 技术自动实现;二是组织的网络化,即建立物流组织内部网络 Intranet。物流的网络化是物流信息化的必然,是电子商务下物流活动的主要特征之一。当今世界 Internet 等全球网络资源的可用性及网络技术的普及,为物流的网络化提供了良好的外部环境。

(4)物流智能化

这是物流自动化、信息化的一种高层次应用,物流作业过程中大量的运筹和决策,如库存水平的确定、运输(搬运)路径的选择、自动导向车的运行轨迹,以及作业控制、自动分拣机的运行、物流配送中心经营管理的决策支持等问题都需要借助于大量的知识才能解决。在物流自动化的进程中,物流智能化是不可回避的技术难题,物流的智能化已成为电子商务环境下物流业发展的一个新趋势。

(5) 物流柔性化

柔性化指的是根据消费者需求的变化灵活调节生产工艺。20 世纪 90 年代,国际生产领域纷纷推出柔性制造系统 FMS、计算机集成制造系统 CIMS、制造资源系统 MRP－Ⅱ、企业资源计划 ERP 及供应链管理的概念和技术。这些概念和技术的实质是将生产、流通进行集成,根据需求组织生产,安排物流活动。因此,柔性化的物流正是适应生产、流通与消费的需求而发展起来的一种新型物流模式,它要求物流配送中心根据"多品种、小批量、多批次、短周期"的消费特色,灵活组织和实施物流作业。

在电子商务条件下,物流的各种职能及功能可以通过虚拟化的方式表现出来,在这种虚拟化的过程中,人们可以通过各种组合方式,寻求物流的合理化,使商品实体在实际的运动过程中,达到效率最高、费用最省、距离最短、时间最少的目标。

任务实施

1. 设置淘宝网卖家中心

① 服务商设置(见图 5-1)。

图 5-1 服务商设置

你所选择的服务商是:＿＿＿＿＿＿＿＿＿＿＿＿＿＿＿＿＿＿＿＿＿＿＿

该服务商提供的服务包括:＿＿＿＿＿＿＿＿＿＿＿＿＿＿＿＿＿＿＿＿＿＿

② 运费模板设置(见图 5-2)。

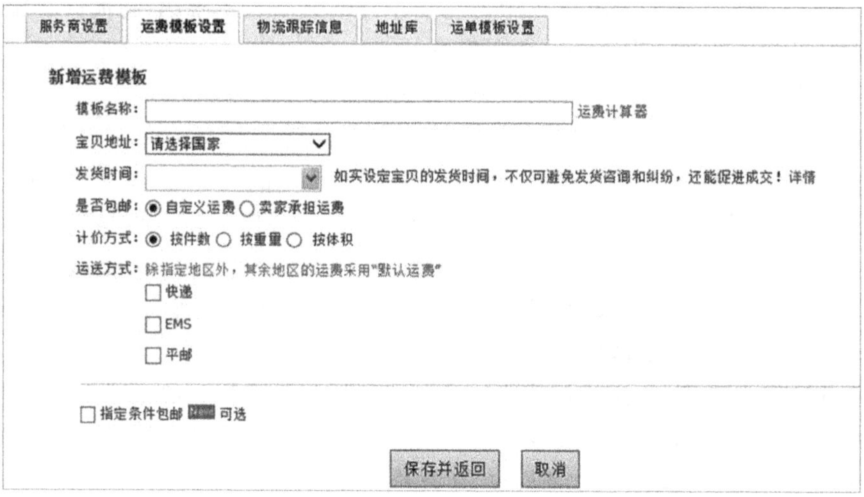

图 5-2　运费模板设置

结合参考范例完成该模板设置,模板设置参考范例如图 5-3 所示。

参考范例：(以下模板仅供参考)

你可以按照宝贝的数量设置模板，一般适用于比较轻的宝贝：

小物件模板副本

运送方式	运送到	首件(个)	运费(元)	续件(个)	运费(元)
快递公司	上海，江苏，浙江	999.00	999.00	999.00	999.00
快递公司	上海，江苏，浙江	999.00	999.00	999.00	999.00
快递公司	上海，江苏，浙江	999.00	999.00	999.00	999.00
快递公司	上海，江苏，浙江	999.00	999.00	999.00	999.00

图 5-3　模板设置参考范例

③ 查看物流跟踪信息(见图 5-4)。

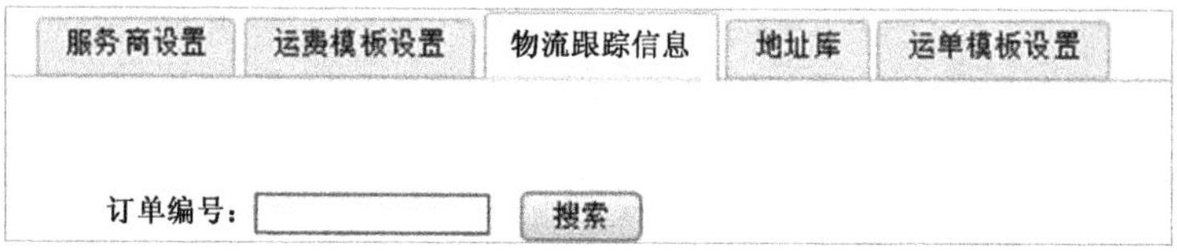

图 5-4　物流跟踪信息查看

查询的订单编号为：________________________________

查询结果信息：________________________________

____

____

____

____

④ 地址库设置（见图 5-5）。

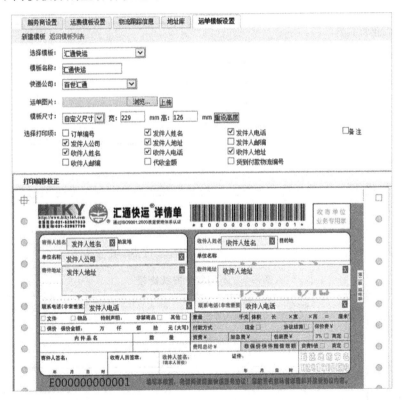

图 5-5　地址库设置

⑤ 运单模板设置（见图 5-6）。

选择不同模板分别查看各快递公司的运单模板设置的异同。

图 5-6　运行模板设置

查看的模板名称（不少于 3 个）：＿＿＿＿＿＿＿＿＿＿＿＿＿＿＿＿＿＿＿＿

不同模板的比较：＿＿＿＿＿＿＿＿＿＿＿＿＿＿＿＿＿＿＿＿＿＿＿＿＿＿

2. 商品包装方式的选择

一件包装精美且成本低廉的物品对卖家来说无疑是一次极好的宣传。不同产品对包装有不同的要求,常用包装材料见表 5-1,不同类型商品的包装方法见表 5-2。

表 5-1　常用包装材料

包装材料	优点	缺点	适用范围
纸箱			
布袋			
泡泡袋			
牛皮纸			
木箱			

表 5-2　不同类型商品的包装方法

商品类型	包装材料	注意事项
首饰类		
服装类		
香水、化妆品类		
数码产品		
光盘		
书籍		
食品		
大件物品		

常用的包装小工具有:_____

3. 商品发货方式的选择

结合生活体会及资料查阅,对比不同发货方式的特点,填写表 5-3。

表 5-3　不同发货方式比较

发货方式	优点	缺点	交寄物品限制
快递			
邮递			
汽车运输			
铁路运输			
航空运输			
水路运输			

拓展练习

（1）查询了解国外电子商务物流。
（2）查询了解国外先进的电子商务物流模式案例及配送中心的类型。

任务小结

一、学习笔记（记录个人在任务练习过程中对知识、技能的掌握情况及体会与思考）

_____
_____
_____
_____
_____
_____
_____
_____
_____
_____

二、任务考核

物流与配送学习考核的具体内容见表 5-4。

表 5-4　物流与配送学习考核

职业能力	评价指标	任务完成情况	备注
知识掌握能力	掌握物流与配送的相关基本概念		
	掌握各种物流管理模板的设置		
	掌握不同商品包装材料的选择及包装方法		
	掌握不同发货方式的异同，能够正确合理选择发货方式		
自我管理能力	掌控时间能力		
	学习积极性		
交流能力	有效与他人沟通		
	团队合作精神		
创新能力	发现并解决常规问题能力		
	推出新的有价值的思路方法		

续表

职业能力	评价指标	任务完成情况	备注
小组评价			
教师评价			
成绩	签字:		

任务二　现代物流模式

学习目的

（1）了解物流模式的基本理论；

（2）掌握常见的现代物流模式；

（3）了解主要物流企业的运营情况；

（4）掌握现代物流模式的应用。

任务提出

小强作为某大型电商企业的一名员工，工作岗位被调整到配送部门，部门主管要求他尽快熟悉本职工作，了解当前物流模式发展及运行现状，结合本企业物流模式及客户满意度，提出能够改进物流模式、提高客户满意率，并且提高企业效益或有助于企业长期发展的物流改革方案。

相关知识

一、现代物流模式理论

物流技术发达的欧美等国家的物流理论表明，现代物流是生产企业、物流企业、销售企业直至消费者整个产品供应链的物流过程的整体化和系统化，以20世纪90年代后出现的协同化物流为表现，建立在物流管理核心上对商品流通的全过程进行控制、应用和指导。

现代物流嫁接于电子商务的发展趋势表现为两个阶段：一是将物流提高到电子商务企业的战略地位，并以物流战略为纽带进行企业联盟。在电子商务运行早期，企业生产用原材料、零部件、辅助材料等的购进，产成品的制造和分销等物流活动全部由电子商务企业完成，电子商务企业既要从事生产经营活动又要实现物流服务，同时负责生产经营和物流业务，满足客户网上交易后的送货要求；二是第三方物流从电子商务企业内部职能中分离出来，发展成为物流产业而介入社会经济生活。随着电子商务的快速发展，企业间竞争更加激烈，为了体现社会分工的优势，电子商务企业逐步将部分或全部物流活动委托给外部的专业物流公司来完成，物流公司按商务活动中的物流要求，利用现代物流技术与物流配送网络，依据与第一方（供应商）或第二方（需求商）签订的物流合同，以最低的物流成本，快速、安全、准确地为用户在特定的时间段按特定的价格提供个性化的系列物流服务，在社会专业分工中获得规模经济效益。

二、传统物流模式与现代物流模式的区别

现代物流与传统物流最主要的区别在于，传统物流过程中的各个环节相互割裂，没有整合。传统物流中的运输、装卸、仓储、加工等环节，由互不沟通的不同经济实体分别承担，它们之间似乎不存在利益的共生关系。这造成它们之间较繁琐的物流转移程序，这些程序使伴随物流的信息被人为地割裂开来。虽然这并没有影响物资的实际流动（即从生产者到用户的整个过程），但是却影响到物资流动的绩效和成本。

1. 传统物流只是提供简单的位移，现代物流提供的还有增值服务

传统物流按生产和销售部门的要求进行保管和运输。现代物流是现代化的仓库、交叉理货平台和信息网络的结合体，个性化服务特征明显，可以为客户量身定做。物流企业提供的服务不仅包括送递，还增加了一系列增值性服务，如分配、包装、仓储等。客户的不同货品，不管有多复杂，物流企业都可按不同要求分到不同的包裹，准确、及时地运送到指定地点。

2. 传统物流侧重点到点或线到线的服务，而现代物流构建了全球服务网络

传统物流只是由生产企业到批发企业和零售企业的物流运动，它是点到点或线到线的运输，而且运输工具单一。现代物流是厂商直接与终端用户打交道，物流的领域将扩大到全球的任何一个地方。它提供的是一种门到门的服务，只要消费者需要，通过网络提供全面的服务，通过综合运输将产品送货到位，这就促使现代物流必须构建一个全球服务性网络。

3. 传统物流是单一环节的管理，现代物流是整体系统化的管理

在传统物流业中，受传统体制影响，运输、仓储、货运代理企业等物流各环节各自为政，相互割裂，互不越界，没有整合。由于这些环节由互不沟通的不同经济实体分别承担，它们之间似乎不存在利益的共生关系，无统一服务标准。现代物流业的首要问题便是整合资源，使之充分、有效、高效而协调地有机连接运行。它有多个环节，通过计划、管理、控制的过程，把这几个环节加以组织，以最少的费用、最高的效率、客户最满意的程度把产品送到客户手里。

三、常见的几种物流模式

1. 自营物流模式

这是目前国内生产、流通或综合性企业（或企业集团）广泛采用的一种物流模式。企业（或企业集团）通过独立组建物流中心，实现了对内部各部门、场、店的物品供应。这种物流模式保留了传统的"自给自足"的"小农意识"，造成了新的资源浪费。显然，这种模式不能适应电子商务时代对现代物流的需求。但是，就目前来看，它在满足企业（或企业集团）内部生产材料供应、产品外销、零售厂店供货或区域外市场拓展等企业自身需求方面发挥着重要作用。例如北京华联、沃尔玛、麦德龙等连锁公司或集团，基本上都是采用组建自己的物流中心来完成对内部各场、店的统一采购、统一配送和统一结算。

2. 第三方物流（3PL）

第三方物流是指由物流劳务的供方、需方之外的第三方完成物流服务的物流运作方式。第三方就是指提供物流交易双方的部分或全部物流功能的外部服务提供者。在某

种意义上可以说,它是物流专业化的一种形式。第三方一般是具有一定规模的物流设施(库房、站台、车辆等)及专业经验、技能的批发、储运或其他物流业务经营企业。实际上,这个概念就是中国物流理论界经常提到的物流社会化和物流专业化的一种重要形式。在澳大利亚、美国、英国等西方国家,第三方物流有时被称为合同物流或契约物流。国内处于第三方物流龙头地位的广州宝供储运集团就是一个典型的例子。第三方物流随着物流业的发展而发展,是物流专业化的重要形式,西方国家物流业的实证分析证明,独立的第三方物流至少占社会的50%时,物流产业才能形成。可以说,在电子商务时代,第三方物流的发展程度体现了一个国家物流产业发展的整体水平。第三方物流给企业带来的益处有:集中主业,企业能够实现资源优化配置,将有限的人力、物力、财力集中核心业务;节省费用,减少资本积压;减少库存;提高企业形象。

3．物流一体化

物流一体化是在第三方物流的基础上发展起来的。所谓物流一体化,就是以物流系统为核心的由生产企业,经由物流企业、销售企业,直至消费者供应链的整体化和系统化。在这种模式下,物流企业通过与生产企业建立广泛的代理或买断关系,与销售企业形成较为稳定的契约关系,从而将生产企业的商品或信息进行统一组合、处理后,按部门订单要求,配送到店铺。这种配送模式还表现为在用户之间交流供应信息,从而起到调剂余缺、合理利用资源的作用。

物流一体化是物流产业较为发达的阶段,它必须以第三方物流的发展和完善为基础。物流一体化的实质是一个物流管理的问题,即专业化物流管理人员和技术人员,充分利用专业化物流设备、设施,发挥专业化物流运作的管理经验,以求取得整体最优效果。

在电子商务时代,这是一种比较完整意义上的物流配送模式,它是物流业发展的高级和成熟阶段。在国内,海尔集团的物流配送模式已经是物流一体化了,并且是一个非常成功的例子。

4．新型物流模式

信息技术及电子商务的飞速发展,带来了物流模式的不断变革,当第三方物流刚刚被世界物流界普遍认同时,其他的一些物流模式也不断发展起来。

(1)第四方物流

第四方物流的概念首先是由安德森咨询公司提出的,它将第四方物流定义为"一个调配和管理组织自身的及具有互补性的服务提供商的资源、能力与技术,来提供全面的供应链解决方案的供应链集成商"。从概念上来看,第四方物流是有领导力量的物流提供商。它实际上是一种虚拟物流,是依靠业内最优秀的第三方物流供应商、技术供应商、管理咨询顾问和其他增值服务商,整合社会资源,为用户提供独特的和广泛的供应链解决方案。这是任何一家公司都不能单独提供的。

(2)电子物流

从概念上看,电子物流就是利用电子化的手段,尤其是利用互联网技术来完成物流全过程的协调、控制和管理,实现从网络前端到最终客户端的所有中间过程服务,其最显著的特点是各种软件技术与物流服务的融合应用。从功能上看,电子物流的功能十分强

大,它能够实现系统之间、企业之间及资金流、物流、信息流之间的无缝链接。

事实上,电子物流的本质特征在于利用互联网技术实现物流运营的信息化、自动化、网络化、柔性化和智能化,也就是要最终实现现代物流与电子商务的协同发展。但是,这种模式适合在电子商务和物流业都比较发达的地区,我国的物流业正处于发展中,还不适合这种功能强大的物流模式。

(3)绿色物流

绿色物流是指在物流过程中抑制物流对环境造成危害的同时,实现对物流环境的净化,使物流资源得到充分利用。随着环境资源恶化程度的加深,人类生存和发展的威胁越来越大,因此人们对资源的利用和环境的保护越来越重视,对于物流系统中的托盘、包装箱、货架等资源消耗大的环节呈现的趋势有:包装箱材料采用可降解材料;托盘的标准化使得可重用率提高;供应链管理不断完善,极大地降低托盘和包装箱的使用。现代物流业的发展必须优先考虑在物流过程中减少环境污染,提高人类生存和发展的环境质量。可利用废弃物的回收已列入许多发达国家可持续发展战略。

四、主要物流网站推荐

我国主要的物流网站有以下几个:

① 物流中国:http://www.56zg.com。

② 中国物流与采购网:http://www.chinawuliu.com.cn。

③ 中国物流信息网:http://www.cnwlxxw.com。

④ 锦程物流网:http://www.jctrans.com。

⑤ 中国物流产品网:http://www.56products.com。

任务实施

① 了解常见电商。

利用搜索引擎查找常见电商,了解其物流配送模式,完成表5-5。

表5-5 常见电商

电商平台	网址	物流配送模式	特色物流服务
淘宝网			
京东商城			
唯品会			
当当网			
1号店			
⋮			

② 了解自建物流。

2011年,京东集团创始人兼首席执行官刘强东放言投资100亿建物流系统,融资的70%将用于物流体系建设,物流和研发占总费用的70%。京东的物流系统庞大高效。借助物流系统,京东可以在 43 个城市实现"下单当日投递",在 265 个城市实现"下单次日投递",两者合计占订单总量的 70%。

　　登录京东商城官网(http://www.jd.com),结合官网及资料查询,查看并分析京东自建物流的优劣,如图 5-8 所示。

图 5-7　京东自建物流

　　京东已建一级物流中心有:＿＿＿＿＿＿＿＿＿＿＿＿＿＿＿＿＿＿＿＿＿＿＿＿

＿＿＿＿＿＿＿＿＿＿＿＿＿＿＿＿＿＿＿＿＿＿＿＿＿＿＿＿＿＿＿＿＿＿＿＿＿＿

　　京东已建二级物流中心有:＿＿＿＿＿＿＿＿＿＿＿＿＿＿＿＿＿＿＿＿＿＿＿＿

＿＿＿＿＿＿＿＿＿＿＿＿＿＿＿＿＿＿＿＿＿＿＿＿＿＿＿＿＿＿＿＿＿＿＿＿＿＿

　　借助于自建物流,京东配送提供的特色服务有:＿＿＿＿＿＿＿＿＿＿＿＿＿＿

＿＿＿＿＿＿＿＿＿＿＿＿＿＿＿＿＿＿＿＿＿＿＿＿＿＿＿＿＿＿＿＿＿＿＿＿＿＿

　　自建物流对京东发展的积极作用:＿＿＿＿＿＿＿＿＿＿＿＿＿＿＿＿＿＿＿＿＿

＿＿＿＿＿＿＿＿＿＿＿＿＿＿＿＿＿＿＿＿＿＿＿＿＿＿＿＿＿＿＿＿＿＿＿＿＿＿

　　自建物流对京东发展的消极作用:＿＿＿＿＿＿＿＿＿＿＿＿＿＿＿＿＿＿＿＿＿

＿＿＿＿＿＿＿＿＿＿＿＿＿＿＿＿＿＿＿＿＿＿＿＿＿＿＿＿＿＿＿＿＿＿＿＿＿＿

　　③ 了解第三方物流。

　　上海合驿物流有限公司(简称发网,www.fineex.com)创立于 2006 年,总部位于上海,是国内最早的专业电子商务物流运营管理专家。公司为电子商务企业和传统零售企业进入电商领域提供全国性的仓储管理和物流配送体系,并提供基于全网营销的电子商务 IT 系统集成服务。发网拥有丰富的仓储资源,配送网络覆盖全国。发网已经在上海、广州、天津、成都、湖州、吴江建立六大一级运营中心,仓储面积超过 10 万平方米;武汉、哈尔滨的运营中心正在筹建中。通过战略合作伙伴的引入,发网将参与组建一个覆盖欧美、日本、韩国和大中华地区的电子商务物流和供应链的执行服务体系。发网首页界面如图 5-8 所示。

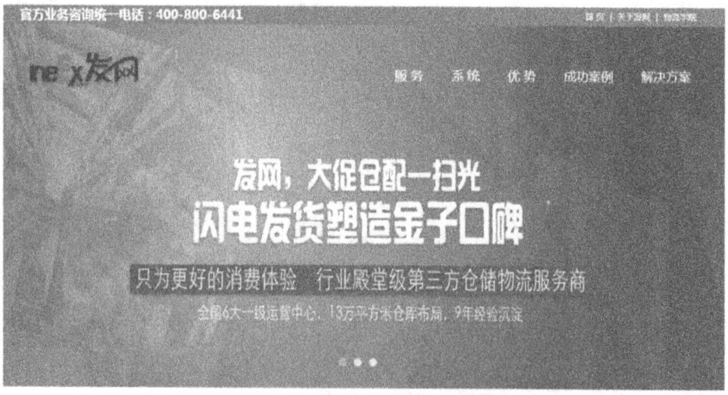

图 5-8   发网首页界面

请分别列举下列行业的发网客户名单（各行业均不少于 3 个）：

服装行业：_____

家纺行业：_____

食品行业：_____

日化行业：_____

化妆品行业：_____

发网提供的产品服务主要有：_____

_____

任选发网的一个成功案例，结合项目特点分析、学习其解决方案。

案例名称：_____

项目特点：_____

_____

解决方案：_____

_____

④ 了解物流的新型模式。

2013 年 5 月 28 日，阿里巴巴集团、银泰集团联合复星集团、富春控股、顺丰集团、三通一达（申通、圆通、中通、韵达）、宅急送、汇通，以及相关金融机构共同宣布"中国智能物流骨干网"（简称 CSN）项目正式启动，合作各方共同组建的菜鸟网络科技有限公司正式成立。这将是一张能支撑日均 300 亿，即年约 10 万亿网络零售额的智能骨干网络，目标是"让全中国任何一个地区做到 24 小时内送货必达"。

菜鸟网络的核心目标是：_____

_____

2014 年 5 月京交会上，13 家物流快递企业与菜鸟网络在京交会上签署了进一步行业合作框架协议，并一同携手继续打造物流大数据平台，为国内快递行业发展提速。这13 家物流快递企业包括：_____

_____

拓展练习

（1）登录推荐的主要物流网站，了解其物流运作模式及相关产品与服务。

（2）对比分析各类物流模式的优缺点。

任务小结

一、学习笔记（记录个人在任务练习过程中对知识、技能的掌握情况及体会与思考）

_____

_____

_____

_____

_____

_____

_____

_____

二、任务考核

现代物流模式学习考核具体内容见表 5-6。

表 5-6　现代物流模式学习考核

职业能力	评价指标	任务完成情况	备注
了解现代物流模式、自建物流、第三方物流、新型物流知识	熟悉各类物流模式及其优缺点，熟悉各大主要电商采用的物流模式		
	熟悉自建物流的优缺点		
	熟悉第三方物流提供的产品及服务，尝试举出具体案例的解决方案		
	熟悉新型物流的运作模式及市场现状与前景		
自我管理能力	掌控时间能力		
	学习积极性		

续表

职业能力	评价指标	任务完成情况	备注
交流能力	有效与他人沟通		
	团队合作精神		
创新能力	发现并解决常规问题能力		
	推出新的有价值的思路方法		
小组评价			
教师评价			
成绩	签字：		

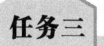

电子商务与供应链管理

 学习目的

（1）了解供应链的相关概念；

（2）了解电子商务供应链的原理及商业模式等；

（3）掌握建立供应链的基本步骤；

（4）掌握供应链的具体实施过程。

 任务提出

针对即将到来的"双11""双12"大型电商节日，小强作为淘宝卖家准备参加淘宝网组织的促销优惠活动。在上年度的电商节日中，小强因商品供应链问题错失商机，因此，今年在活动前他要提前做好准备，认真筹划，确保商品供应链，实现销量大增。

 相关知识

供应链管理是电子商务的核心竞争力，电子商务的快速发展使得供应链管理的优化成为当前迫切需要解决的问题。

一、供应链的概念

1. 定义

供应链是指商品到达消费者手中之前各相关者的连接或业务的衔接，是围绕核心企业，通过对信息流、物流、资金流的控制，从采购原材料开始，制成中间产品及最终产品，最后由销售网络把产品送到消费者手中，将供应商、制造商、分销商、零售商，直到最终用户连成一个整体的功能网链结构。供应链管理的经营理念是从消费者的角度，通过企业间的协作，谋求供应链整体最佳化。成功的供应链管理能够协调并整合供应链中所有的活动，最终成为无缝连接的一体化过程。

供应链的概念是从扩大生产概念发展来的，它将企业的生产活动进行了前伸和后延。日本丰田公司的精益协作方式中就将供应商的活动视为生产活动的有机组成部分而加以控制和协调。哈理森（Harrison）将供应链定义为："供应链是执行采购原材料，将它们转换为中间产品和成品，并且将成品销售到用户的功能网链。"美国的史蒂文斯（Stevens）认为："通过增值过程和分销渠道控制从供应商到用户的流就是供应链，它开始于供应的源点，结束于消费的终点。"因此，供应链就是通过计划（Plan）、获得（Obtain）、存储（Store）、分销（Distribute）、服务（Serve）等这样一些活动而在顾客和供应商之间形成的

一种衔接(Interface),从而使企业能满足内外部顾客的需求。

2.四个流程

供应链一般包括物资流通、商业流通、信息流通、资金流通四个流程。四个流程有各自不同的功能及不同的流通方向。

(1)物资流通

该流程主要是物资(商品)的流通过程,这是一个发送货物的程序。该流程的方向是由供货商经由厂家、批发与物流、零售商等指向消费者。由于长期以来企业理论都是围绕产品实物展开的,因此物资流程被人们广泛重视。许多物流理论都涉及如何在物资流通过程中在短时间内以低成本将货物送出去。

(2)商业流通

该流程主要是买卖的流通过程,这是接受订货、签订合同等的商业流程。该流程的方向是在供货商与消费者之间双向流动的。商业流通形式趋于多元化:既有传统的店铺销售、上门销售、邮购的方式,又有通过互联网等新兴媒体进行购物的电子商务形式。

(3)信息流通

该流程是商品及交易信息的流程。该流程的方向也是在供货商与消费者之间双向流动的。过去人们往往把重点放在看得到的实物上,因而信息流通一直被忽视,甚至有人认为,国家的物流落后与将资金过分投入物资流程而延误对信息的把握不无关系。

(4)资金流通

该流程就是货币的流通。为了保障企业的正常运作,必须确保资金的及时回收,否则企业就无法建立完善的经营体系。该流程的方向是由消费者经由零售商、批发与物流、厂家等指向供货商。

3.供应链管理必备条件

① 供应链管理必须设法减低供应链成员间相互反应的时间。

② 必须提高供应链间合作伙伴相互的信任关系。

③ 企业在供应链上不同的生产、配销等活动应设法予以整合,企业应持续不断地寻找合适的方法以整合企业间供应链的各项活动与流程。

④ 不同企业间虽然可以透过供应链管理及相关软件来增加竞争力,但是仍应经常保持联系,毕竟商业合作关系的维系非软件应用或流程整合所能取代。

二、电子商务供应链管理的概念及原理

1.概念

所谓电子商务供应链管理,就是供应链与电子商务的自然结合,是实现成员间连接和价值链集合体与目标终端用户间的连接的手段,是供应链优化的必然结果。它将淘汰现有的旧模式,改变商业行为,并渗透到各个商业部门,成为今后市场和行业的主导力量。

2.基本原理

供应链管理涉及的内容很多,包括生产计划与控制、库存控制、采购、销售、物流、需求预测、客户管理、伙伴管理等,但归根到底无非是信息流、物流和资金流的管理,因此可从这"三流"的运动来说明供应链管理的基本原理。基本假设:信息技术支撑体系基于

Internet/Intranet,供应链成员企业内部信息化程度较高,所有成员企业的 Intranet 通过 Internet 实现互联而形成 Extranet,信息高度集成与共享;厂商采用分销渠道模式。这是利用电子商务实现供应链管理的理想环境。

（1）信息流

客户通过分销商网站进入其电子商务交易系统在线下单,由于整个供应链内信息高度透明,不仅分销商,厂商与供应商也同时得到了该需求信息。由于内部高度信息化,分销商订单处理实时完成,并立刻向厂商在线下单采购。相似地,厂商实时处理完成分销商的采购订单并向其上级供应商采购零部件或原材料。上述信息流的特点有:

第一,需求信息高度透明,供应链内上游企业同时获得了市场的真实需求信息,避免了需求信息失真导致的需求变异放大效应,使供需一致。

第二,信息流虽然与传统供应链一样都是从下游向上游逐级下单,但由于是通过 Internet 在线下单,加之供应链内成员企业内部信息化程度高,订单在各成员企业内的处理速度及在成员企业间的移动速度都相当快。

（2）物流

物流方向与传统供应链管理没有什么不同,都为供应商—厂商—分销商—用户。不同的是:

第一,物流的流动速度。信息流指挥物流,是决定物流速度的关键因素,信息的高度共享和快速流动势必带来高速物流的可能（物流的实际速度还取决于其他因素）。

第二,物流的适时性。即物料或产品在指定时刻到达指定地点,从而减少甚至消除各节点企业的库存。这是由基于 Internet 的电子商务的高度信息共享和即时沟通带来的。

（3）资金流

资金流方向与传统供应链管理也没有什么不同,都为客户—分销商—厂商—供应商。不同的是支付方式以在线支付为主,从而大大提高了订单的执行速度和交货速度。

三、电子商务供应链的商业模式

1. 电子化设计

借由信息软件的应用,不同厂商间可以通过网际网络交换产品的设计与规划,加强原料供应者、制造商,以及运销业者间对新产品研发的交流。

2. 电子媒介商与电子市场

新兴电子媒介商与电子市场的大量出现对企业传统的交易行为造成了革命化的影响。不同企业间可通过网络,整合彼此间的交易行为,除了可降低成本与节省人力时间外,还可透过网络的买卖行为机动性处理库存品。

3. 协同规划

协同规划也就是所谓的虚拟供应链。不同企业间在产业的价值链管理上分别担任不同的角色,通过网络形成分工合作的企业共同体。不同的企业可专职其长,而将价值链中其他管理部分交由不同的厂商来处理,如此可大幅度提升整体供应链的竞争力,而供应链中的个别厂商也因此获得公司最大利益。

4．电子履行作业

电子商务另一个重要的课题在于满足顾客的各项需求，包括产品的供应量、运销乃至售后服务等。由于网络作业快速，顾客对于产品的信息要求及服务要求也相对提高，如何整合供应链的各个成员，给顾客提供最新的信息，并在最短的时间内将正确的商品送至正确客户的手中，成为企业供应链间努力的方向。

四、电子商务供应链管理的任务

1．动态联盟的系统化管理

在电子商务时代，企业的生存空间由物理的市场地域转变为虚拟市场空间。虚拟市场空间以信息为基础，为信息所控制，虚拟市场空间的出现改变了消费者必须通过市场地域使用或享受产品/服务的状况，同时弱化了生产者必须通过市场地域获得资源，进行生产的限制。通过信息交互，各种生产、交易活动从依赖物理地域转变为依靠市场虚拟空间进行。伴随这种转变，供应链中任何一个企业赖以生存的物理价值链也虚拟化、信息化。企业可以凭借聚合、组织、选择、综合、发布等信息处理手段寻求新的价值创造点。相对于传统的位于物理价值链上的环节而言，电子商务时代的企业生存在由更多的微战略环节构成的价值链创造矩阵上。战略环节的这种二次分解强化了企业的横向解式，这种强化一方面为企业创造出更大的生存空间，但另一方面也增加了企业对动态联盟的依赖性。所以，供应链管理在电子商务时代的首要任务就是对生存在价值创造矩阵上组成动态联盟的企业群体进行系统化管理。

2．生产资源的优化管理

在电子商务时代，市场呈现出前所未有的趋同性——不同产品在功能方面联合统一的趋势。市场趋同性与电子商务具有不可分割的内在联系。一方面，推动电子商务迅猛发展的信息技术逐步渗透到各个独立的行业，不同工业（如通信、办公设备、消费者电子产品、媒介、计算机等）之间的界限逐渐强化；另一方面，趋同性促进了生产者与生产者、生产者与消费者、消费者与消费者在市场空间中的交互，这又反过来促进了电子商务的发展。市场趋同性促使生存于不同生产领域、不同生产环节的企业在各自的微战略环节上努力保持个体与企业群体的一致，这种努力使企业之间信息流与物流的交互变得更加频繁和复杂。众所周知，由于长期以来企业在生产制造环节上引进了各种科学的管理方法，企业内部生产已变得"精益"起来；而位于生产两端的各种活动，如零部件供应管理和产成品的流通配送，则成为供应链上的"非精益"环节。市场趋同性恰恰加剧了企业在这些"非精益"环节上的活动。所以，如何通过对生产两端进行资源优化管理，使这些"非精益"环节"消肿减肥"比以往任何时候都更有意义。

3．不确定性需求的信息共享管理

在电子商务时代，生产者与消费者的关系发生了彻底的变化。这种变化可以归因于市场空间的出现。在超越传统物理时空的电子时空下，消费者的差异化需求得到了更大程度的满足，进而发展出更加复杂多变的需求；同时，由于各种生产资源在电子商务平台上虚拟化，生产者在更大程度上具备了满足这种日益多变的需求的生产能力。结果是，生产者与消费者的关系从生产者依靠 4Ps 营销理论将产品推给消费者，逐步转变为消费者"拉动"生产者以保证 4Cs 营销理论。从供应链管理角度看，伴随生产资源虚拟化程度的提高和消费者拉动力的增强,为供应链商务流和信息流的流动提供动力的"动力源"从生产者转移到了消费者。也就是说,在传统模式下,供应链管理的焦点在于如何保证生产者在生产技术和管理方法上的优势创造价值;而在电子商务时代,供应链管理的焦点在于如何保证消费者的"动力源"地位,如何通过对不确定需求的分析去获取知识,如何通过保证知识在整个供应链上的共享来创造价值。

4. 生产的敏捷化管理

电子商务时代的市场竞争表现为竞争互动。在"链"与"链"的竞争中,一方遭遇"攻击"的时间在产品生命周期上大大提前;同时,它本身"进攻"另一方的能力也在增强。这主要是因为:

① 市场趋同性弱化了任何一个"链"依靠独特的产品/服务占有市场的能力。

② 电子商务的发展促进了各种世界性标准的建立,这些标准正在逐渐打破或降低市场进入障碍。

③ 作为"动力源"的消费者的各种信息在 Internet 上几乎是共享信息,任何一个"链"已经无法依靠信息独占而维持自己独特的消费群体。

④ 市场空间的出现为更多的企业创造了参与竞争的条件。

结果是,更频繁地遭遇攻击和主动攻击逐渐取代了传统的竞争活动。面对竞争互动,供应链中任何企业的产品战略都应该是通过主动创造新产品、淘汰自己的旧产品来创造优势,而不是单纯保持优势。电子商务时代,供应链管理必须依靠持续获取短暂的竞争优势来创造持续的竞争优势。

五、电子商务供应链管理的优势

(1) 节约交易成本

单纯地使用供应链管理,虽然可以节省从供应商—生产商——消费者环节的费用,但企业内部等成本不能很好地节省。而用电子商务整合供应链将大大降低供应链内各环节的交易成本,缩短交易时间。

(2) 降低存货水平

通过扩展组织的边界,供应商利用电子商务能够随时掌握存货信息,组织生产,及时补充,因此企业已无必要维持较高的存货水平。

(3) 降低采购成本

由于供应商能够方便地取得存货和采购信息,采购管理人员可以从这种低价值的劳动中解脱出来,从事具有更高价值的工作。

(4) 减少循环周期

通过供应链的自动化,预测的精确度将大幅度提高,这将导致企业不仅能生产出需要的产品,而且能减少生产的时间,提高顾客满意度。

(5) 收入和利润增加

通过组织边界的延伸,企业能履行合同,增加收入并维持和增加市场份额。

任务实施

① 登录百度搜索引擎，检索"淘宝经营与供应链管理"（见图 5-9）。

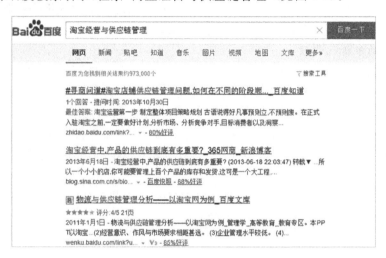

图 5-9　"淘宝经营与供应链管理"检索页面

对搜索结果进行研究分析，了解淘宝经营中产品供应链的重要性。列出几种常见的因供应链而影响淘宝卖家销售或信誉的问题，例如：

a. 明知是好卖的产品，却找不到合适的上游货源；

b. ＿＿＿＿＿＿＿＿＿＿＿＿＿＿＿＿＿＿＿＿＿＿＿＿＿＿＿＿＿＿＿＿＿＿＿＿＿＿；

c. ＿＿＿＿＿＿＿＿＿＿＿＿＿＿＿＿＿＿＿＿＿＿＿＿＿＿＿＿＿＿＿＿＿＿＿＿＿＿；

d. ＿＿＿＿＿＿＿＿＿＿＿＿＿＿＿＿＿＿＿＿＿＿＿＿＿＿＿＿＿＿＿＿＿＿＿＿＿＿；

e. ＿＿＿＿＿＿＿＿＿＿＿＿＿＿＿＿＿＿＿＿＿＿＿＿＿＿＿＿＿＿＿＿＿＿＿＿＿＿；

f. ＿＿＿＿＿＿＿＿＿＿＿＿＿＿＿＿＿＿＿＿＿＿＿＿＿＿＿＿＿＿＿＿＿＿＿＿＿＿；

……

② 了解供应链。

典型的供应链示意如图 5-10 所示，网络购物平台供应链示意如图 5-11 所示。

原料商 → 生产商 → 渠道商 → 消费者

图 5-10　典型的供应链示意

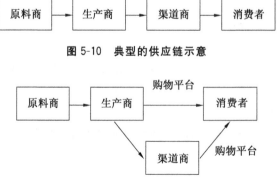

图 5-11　网络购物平台供应链示意

网络购物平台供应链与普通供应链的区别：

a. 大多数卖家以渠道商形式的存在，省去了与原料商合作的环节。

b. 生产商可以与终端直接接触，缩短了＿＿＿＿＿＿＿，降低了＿＿＿＿＿＿＿＿。

c. 网购商供应链的＿＿＿＿＿流、＿＿＿＿＿流、＿＿＿＿＿流更为直接和简洁。

③ 登录阿里巴巴商友圈。

学习网商公开课第八期（参考网址：http://view. 1688. com/cms/quan/gong-kaike0008.html），了解淘宝牛仔服卖家如何打造供应链，商友圈页面如图 5-12 所示。

图 5-12　商友圈页面

简要介绍课程一至课程四的主要内容。

课程一内容简介：＿＿＿＿＿＿＿＿＿＿＿＿＿＿＿＿＿＿＿＿＿＿＿＿＿＿＿＿＿

＿＿

＿＿

＿＿

课程二内容简介：＿＿＿＿＿＿＿＿＿＿＿＿＿＿＿＿＿＿＿＿＿＿＿＿＿＿＿＿＿

＿＿

＿＿

＿＿

课程三内容简介：＿＿＿＿＿＿＿＿＿＿＿＿＿＿＿＿＿＿＿＿＿＿＿＿＿＿＿＿＿

＿＿

＿＿

＿＿

课程四内容简介：＿＿＿＿＿＿＿＿＿＿＿＿＿＿＿＿＿＿＿＿＿＿＿＿＿＿＿＿＿

＿＿

＿＿

＿＿

④ 了解原料、成品在原料商、生产商、渠道商及消费者这四个供应链节点的流转问题。

　　a. 当前市场上主要的第三方物流或快递企业有：＿＿＿＿＿＿＿＿＿＿＿＿＿＿＿

＿＿＿＿＿＿＿＿＿＿＿＿＿＿＿＿＿＿＿＿＿＿＿＿＿＿＿＿＿＿＿＿＿＿＿＿＿＿＿

　　b. 你选择的合作伙伴及原因是：＿＿＿＿＿＿＿＿＿＿＿＿＿＿＿＿＿＿＿＿＿

＿＿＿＿＿＿＿＿＿＿＿＿＿＿＿＿＿＿＿＿＿＿＿＿＿＿＿＿＿＿＿＿＿＿＿＿＿＿＿

＿＿＿＿＿＿＿＿＿＿＿＿＿＿＿＿＿＿＿＿＿＿＿＿＿＿＿＿＿＿＿＿＿＿＿＿＿＿＿

拓展练习

（1）了解 2013 年中国八大供应链创新案例。

（2）"1 号店"实现了创立 3 年 192 倍的飞速增长，查阅资料从"1 号店"了解如何取得供应链管理的成功。

任务小结

一、学习笔记（记录个人在任务练习过程中对知识、技能的掌握情况及体会与思考）

_____

_____

_____

_____

_____

_____

_____

_____

二、任务考核

电子商务与供应链管理学习考核具体内容见表 5-7。

表 5-7　电子商务与供应链管理学习考核

职业能力	评价指标	任务完成情况	备注
知识掌握能力	熟悉供应链的概念		
	熟悉供应链的原理、商业模式及重要性		
	掌握建立供应链的基本步骤		
	能根据经营商品完成供应链的具体实施		

续表

职业能力	评价指标	任务完成情况	备注
自我管理能力	掌控时间能力		
	学习积极性		
交流能力	有效与他人沟通		
	团队合作精神		
创新能力	发现并解决常规问题能力		
	推出新的有价值的思路方法		
小组评价			
教师评价			
成绩	签字：		

项目六

电子商务法律与法规

6

本项目通过《中华人民共和国电子签名法》、网络游戏、电子商务消费者权益保护问题等与电子商务相关的几个典型案例,介绍《中华人民共和国电子签名法》的具体规定。

- **知识目标**:认识电子签名的法律效力,了解《中华人民共和国电子签名法》的具体规定;

  了解网络游戏中存在哪些法律问题;

  理解信息网络中的隐私权保护问题;

  了解电子商务中消费者的权益保护。
- **技能目标**:能够在生活中运用电子签名法相关规定维护自身的合法权益。
- **素养目标**:知法、懂法、守法,做一个合格的网络守法公民。

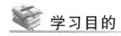

了解《中华人民共和国电子签名法》

学习目的

（1）认识到电子签名的法律效力；

（2）了解《中华人民共和国电子签名法》的具体规定；

（3）能够在生活中运用电子签名法相关规定维护自身的合法权益。

相关知识

1999 年 10 月 1 日实施的《中华人民共和国合同法》（简称《合同法》）在第 11 条中将合同的书面形式创造性地进行了扩充解释，"书面形式是指合同书、信件和数据电文（包括电报、电传、传真、电子数据交换和电子邮件）等可以有形地表现所载内容的形式"。这是我国第一次在法律层面上肯定了数据电文作为书面合同的法律地位。

《合同法》第 32 条规定，书面形式合同一般以双方当事人签字或者盖章为成立要件。由于数据电文的特殊形式，传统的手写或印章签名无法被有效应用在数据电文形式的合同中，因此，自《合同法》颁布以来，缺少有效签名的数据电文的合同地位基本是有名无实。要使数据电文合同"名副其实"，就必须解决与其相配套的电子签名在法律上和商业实务中的有效性问题。

2004 年 8 月 28 日，全国人大常委会通过了《中华人民共和国电子签名法》（简称《电子签名法》）。2005 年 4 月 1 日，《电子签名法》正式实施。

《电子签名法》第 2 条进一步将数据电文定义为"以电子、光学、磁或者类似手段生成、发送、接收或者储存的信息"，并对数据电文作为法律文件的适用范围和认定标准做了较具体的规定。

更重要的是，《电子签名法》第 14 条确认了"可靠的电子签名"与手写签名或盖章具有同等的法律效力，同时，为解决电子签名的可靠性和使用电子签名的交易安全问题，《电子签名法》参照了联合国贸法会（UNCITRAL）《电子签字示范法》和其他各国已有的电子商务法中关于"电子签名"的规定，设立了电子签名第三方认证制度。

值得注意的是，《电子签名法》对于电子签名的法律界定依从"技术中立"原则，即原则上承认各种形态电子签名的合法性，而不在法律中确定电子签名应使用的某种具体技术和手段，同时，对于"可靠的电子签名"做一般描述性界定。也就是说，只要技术上能满足"可靠的电子签名"（第 13 条）的法律要求，就可认定以该技术设定的电子签名属于"可靠的电子签名"，与手写签名或盖章具有同等的法律效力。

从目前各国电子商务实践来看,数字签名作为电子签名中的一种,无论在交易安全性、合同真实性、完整性及使用成本方面都有其独特的优势,在信息技术发展的现阶段,已成为公认的"可靠的电子签名"技术。而所谓"数字签名",是指使用非对称加密系统算法和散列函数算法(也称"哈希(Hash)函数算法")来变换电子记录,形成的用以确认签名人身份、证明电子记录完整的技术。

 典型案例

1. 案情

2004年1月,杨先生结识了女孩韩某。同年8月27日,韩某发短信给杨先生,向他借钱应急,短信中说:"我需要5000,刚回北京做了眼睛手术,不能出门,你汇到我卡里。"杨先生随即将钱汇给了韩某。一个多星期后,杨先生再次收到韩某的短信,又借给韩某6000元。因为都是短信来往,两次汇款杨先生都没有索要借据。此后,因韩某一直没有还款,而且又再次向杨先生借款,杨先生产生了警惕,于是向韩某索要还款。但一直索要未果,于是起诉至海淀法院,要求韩某归还其11000元钱,并提交了银行汇款单存单两张,而韩某却称这是杨先生归还给她欠款。

为此,在庭审中,杨先生在向法院提交的证据中,除了提供银行汇款单存单两张外,还提交了自己使用的号码为"1391166××××"的飞利浦移动电话一部,其中记载了部分短信息内容,如2004年8月27日15:05"那就借点资金援助吧!"2004年8月27日15:13"你怎么这么实在!我需要五千,这个数不大也不小,另外我昨天刚回北京做了个眼睛手术,现在根本出不了门,见人都没法见,你要是资助就得汇到我卡里!"等韩某发来的18条短信内容。后经法官核实,杨先生提供的发送短信的手机号码拨打后接听者是韩某本人。而韩某本人也承认,自己从2004年七八月份开始使用这个手机号码。

法院经审理认为,依据《最高人民法院关于民事诉讼证据的若干规定》中的关于承认的相关规定,"1391166××××"的移动电话号码是否由韩女士使用,韩女士在第一次庭审中明确表示承认,在第二次法庭辩论终结前韩女士委托代理人撤回承认,但其变更意思表示未经杨先生同意,亦未有充分证据证明其承认行为是在受胁迫或者重大误解情况下做出,原告杨先生对该手机号码是否为被告所使用不再承担举证责任,而应由被告对该手机没有使用过承担举证责任,而被告未能提供相关证据,故法院确认该号码系韩女士使用。

依据2005年4月1日起施行的《中华人民共和国电子签名法》中的规定,电子签名是指数据电文中以电子形式所含、所附用于识别签名人身份并表明签名人认可其中内容的数据。数据电文是指以电子、光学、磁或者类似手段生成、发送、接收或者储存的信息。移动电话短信息即符合电子签名、数据电文的形式。同时,移动电话短信息能够有效地表现所载内容并可供随时调取查用,能够识别数据电文的发件人、收件人,以及发送、接收的时间。经法院对杨先生提供的移动电话短信息生成、储存、传递数据电文方法的可靠性,保持内容完整性方法的可靠性,用以鉴别发件人方法的可靠性进行审查,可以认定该移动电话短信息内容作为证据的真实性。根据证据规则的相关规定,录音、录像及数

据电文可以作为证据使用,但数据电文可以直接作为认定事实的证据,还应有其他书面证据相佐证。

通过韩女士向杨先生发送的移动电话短信息内容可以看出:2004年8月27日韩女士提出借款5000元的请求并要求杨先生将款项汇入其卡中,2004年8月29日中国工商银行个人业务凭证中显示杨先生给韩女士汇款5000元;2004年9月7日韩女士提出借款6000元的请求,2004年9月8日韩女士向杨先生询问款项是否汇入,2004年9月8日中国工商银行个人业务凭证中显示杨先生给韩女士汇款6000元。2004年9月15日至2005年1月期间韩女士屡次向杨先生承诺还款。

杨先生提供的通过韩女士使用的号码发送的移动电话短信息内容中载明的款项往来金额、时间与中国工商银行个人业务凭证中体现的杨先生给韩女士汇款的金额、时间相符,且移动电话短信息内容中亦载明了韩女士偿还借款的意思表示,两份证据之间相互印证,可以认定韩女士向杨先生借款的事实。据此,杨先生所提供的手机短信息可以认定为真实有效的证据,证明事实真相,法院对此予以采纳,对杨先生要求韩女士偿还借款的诉讼请求予以支持。

2. 案例分析

(1) 从此案法官判决中可以看出,法官引用了《电子签名法》中的规定。在此案中,手机短信是否能作为证据?

(2) 如何确定短信的法律效力?

(3) 在《电子签名法》颁布以前,有没有相关案例?

(4) 这个案例的意义是什么?

在本案中,法官引用《电子签名法》的有关规定裁判了本案是合适的。根据对本案的描述,依据电子签名法,本案中的手机短信可以作为证据。《电子签名法》的核心内容在于赋予数据电文、电子签名、电子认证相应的法律地位,其中数据电文的概念非常广泛,基本涵盖了所有以电子形式存在的文件、记录、单证、合同等,可以理解为信息时代所有电子形式的信息的基本存在形式。在《电子签名法》出台实施之前,缺乏对于数据电文法律效力的最基本的规定,如数据电文是否符合书面形式的要求、是否能作为原件、在什么样的情况下具备什么样的证据效力等,十分不利于我国信息化事业的发展,甚至可以说,由于缺乏对于数据电文基本法律效力的规定,所构建的信息社会缺乏最基本的法律保障。

根据我国《电子签名法》第8条的规定,审查数据电文作为证据的真实性,应当考虑的因素是:"生成、储存或者传递数据电文方法的可靠性;保持内容完整性方法的可靠性;用以鉴别发件人方法的可靠性;其他相关因素。"也就是说,审查一个数据电文作为证据的真实性,主要是从该系统的操作人员、操作的程序、信息系统本身的安全可靠性等几个方面考量的。如审查传送数据电文的系统是否具备相当的稳定性,被非法侵入、篡改的可能性有多大,操作时是否严格按照所要求的程序进行,能否有效地鉴别发信人,等等。

在本案中,针对主要证据——手机短信息,法官根据《电子签名法》第8条的规定及相关规定审查了该证据的真实性,在确定能够确认信息来源、发送时间及传输系统基本可靠、文件内容基本完整,同时又没有相反的证据足以否定这些证据的证明力的情况下,认可了这些手机短信息的证据力。因此,适用法律是恰当准确的,判断方法是科学合理的,符合《电子签名法》的要求。

在《电子签名法》出台之前,可以说有很多类似的案例,主要是针对电子邮件能否作为证据的,由于缺乏直接的法律规定,上海高院还专门出台了相关的解释,这种情况随着《电子签名法》的出台得到了根本的改变。根据有关报道,本案是我国《电子签名法》实施后,法院依据《电子签名法》裁判的第一起案例,意义重大,意味着我国的《电子签名法》真正开始走入司法程序,数据电文、电子签名、电子认证的法律效力得到了根本的保障,通过《电子签名法》的实施,基本上所有与信息化有关的活动在法律的层面都有了自己相应的判断标准。

 拓展练习

案情:2009 年 4 月 21 日早上 7 点左右,中国政法大学的大一学生小杨在淘票网上以非会员身份从北京天益游航空服务有限公司(以下简称"天益游")名下的淘票网给家人订购了 3 张从成都飞往北京的南航 6 折机票,每张票单价 855 元。上午 8 点,小杨通过中国农业银行网上银行支付了票款。

付款后,淘票网给小杨发来短信,"您的票款已支付,2 小时左右把票号发到您的手机上"。但是到 12 点多,小杨却收到淘票网短信称:出票不成功。

小杨以为航班取消,便打电话到南航确定航班,却被告知航班并未取消。第二天下午,小杨接到淘票网打来的电话,称南航取消了座位所以无法出票,要求小杨要么补足差价重订别的价位的机票,要么接受全额退款。小杨明确拒绝对方的两种处理结果,认为货款已交,淘票网理应出票。但是由于交涉不成,又赶时间,只能从另外一家网站重新订购 7 折机票,额外支付了 681 元。

事情过后,小杨越想越气,"学法律的人遇到这种事情不能沉默",她决定通过法律维权。小杨的想法得到了大二的师兄施学渊和师姐蒋菁的支持,施学渊和蒋菁以公民代理身份帮小杨打官司。

施学渊说,淘票网对会员有一些免责条款,这些条款对小杨的诉讼很不利。后来施学渊想到,只要证明小杨不是会员就可以不受免责条款的制约,尽管这是个很简单的逻辑,但是想到这一点,还是令他兴奋不已。2009 年 4 月底,小杨向丰台法院提起诉讼,要求天益游赔偿损失 681 元,并赔礼道歉。

请问:你认为法院会做出怎样的判决?

 任务小结

一、学习笔记(记录个人在案例分析过程中的体会与思考)

_____

_____

_____

_____

_____

_____

_____

_____

_____

二、任务考核

《电子签名法》案例分析学习考核的具体内容见表 6-1。

表 6-1 《电子签名法》案例分析学习考核

职业能力	评价指标	任务完成情况	备注
知识掌握能力	理解电子签名的法律效力		
	熟悉相关法条的具体规定及含义		
	能够对相关案例进行分析,学会维护自身合法权益		
自我管理能力	掌控时间能力		
	学习积极性		
交流能力	有效与他人沟通		
	团队合作精神		
创新能力	发现并解决常规问题能力		
	推出新的有价值的思路方法		
小组评价			
教师评价			
成绩	签字:		

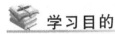

任务二　　网络游戏中的法律问题

学习目的

（1）了解网络游戏中存在的法律问题；

（2）熟悉玩家与游戏运营商的权利与义务，能够在网络游戏中规范自身的行为；

（3）能够在网络游戏中运用法律相关知识维护自身的合法权益。

相关知识

网络游戏产业近年在我国迅猛发展，同时引发了一系列法律政策新问题。在行业发展的同时，网络游戏财物方面的纠纷、游戏公司之间的版权纠纷、网络游戏用户与网游公司之间的经济纠纷也大量涌现。但是我国法律，甚至各国法律的规定都相对滞后，不论是学术界还是实体法律，都在网络游戏财产等法律领域显露出巨大空白。有关虚拟财产纠纷及玩家权益维护等现实问题，亟待解决。

网络游戏就是网络电子游戏，即利用 TCP/IP，IPX，UDP 等协议，通过直接电缆、局域网及网络中介进行的，显示于不同终端的，供单人或者多人同步进行的电脑游戏，包括该游戏著作权人发布的游戏补丁、相关数据资料等不包括网络游戏的附属产品。

随着网络和个人 PC 在我国的进一步普及，网络游戏正在受到信息产业界及社会的关注。

网络游戏服务合同相关的法律问题是网络游戏其他法律问题的根基，因为任何游戏玩家进行一款网络游戏首先面临的就是注册自己的 ID 并登录游戏，而注册与登录的过程实质是一个网络服务合同形成的过程。如果能够通过网络游戏合同公平、合理地界定玩家与游戏运营公司之间的权利和义务，排除各种不合理、不公平的"霸王条款"，则网络游戏法律纠纷肯定会极大减少。

网络游戏服务合同是由网络游戏运营商单方拟定的，以便于与玩家之间重复使用，因此是一种格式合同。为了更好地保护弱势一方的权益，限制格式合同拟定方借订立合同之机扩张自己的权利，减轻对方的权利，加重对方的义务，各国的合同法以及相关法律都做出了对格式合同的限制性规定。

网络虚拟财产的法律问题：网络虚拟财产包括一切具备现实交易价值的虚拟财产，包括 ID、邮箱、虚拟货币和虚拟装备等。网络虚拟财产具有无形性，虽然在游戏中表现为各种各样的武器、盔甲、货币等，但是其存在只是依托于网络，并在网络上产生物品具体化的效果。网络虚拟财产的法律性质为：合法性、价值性、可转让性和知识产权性。网络虚拟财产的表现形式为：① 虚拟财产被盗纠纷；② 虚拟物品交易欺诈纠纷；③ 运营商停

止运营引发的纠纷；④ 游戏数据丢失引发的纠纷；⑤ 因使用外挂账号被封引起的纠纷。

目前保护网络虚拟财产依据的是 2004 年修正后的《中华人民共和国宪法》第 13 条的有关规定："公民的合法的私有财产不受侵犯。国家依照法律规定保护公民的私有财产权和继承权。"2000 年全国人大颁发的《全国人民代表大会常务委员会关于维护互联网安全的决定》（简称《决定》）第 4 条规定：利用互联网犯罪，追究刑事责任；侵犯他人合法权益，依法承担民事责任。网络虚拟财产的保护是私有财产入宪以后一个很现实而且很重要的问题，因为这不仅仅关系到网络游戏玩家和游戏商的利益，还关系到网络游戏的长远发展。我们只有顺应新技术的发展要求，对传统法律制度作出适时的修改，在社会各方面特别是立法机关的共同努力下才能真正促进网络虚拟财产的保护。

典型案例

1. 案情

2003 年 12 月 18 日上午，备受关注的全国首例网络游戏玩家李宏晨状告游戏运营商，索赔游戏中丢失装备一案，在北京市朝阳区人民法院第三次开庭。当日上午 11 时许，法院当庭判定运营商北京北极冰科技发展有限公司于 7 日内，对李宏晨在"红月"丢失的虚拟装备予以恢复。法官认为，虚拟装备具有价值含量，但装备价格无法明确确定，所以"回档恢复"是最公平的处理方式。

23 岁的李宏晨从小就是个游戏迷，2001 年，当他第一次接触"红月"时，他就确定这个虚拟世界将给他带来无穷的乐趣。在投入了几千个小时和上万元现金后，李宏晨终于积累和购买了几十种虚拟"生化武器"，这些装备使他一度在虚拟世界里所向披靡，并成为"红月"顶级玩家之一。

2003 年 2 月 17 日，李宏晨轻车熟路地又一次登录进入游戏，已经是高手的他惊讶地发现自己库里的所有武器装备不翼而飞了。后经查证，李宏晨的这些宝贝是于当年 2 月 17 日被一个叫"SHUILIU0011"的玩家盗走的。李宏晨马上找到游戏运营商北京北极冰科技发展有限公司交涉，公司拒绝交出那名玩家的真实资料。事情并没有结束，6 月 10 日，公司在未事先通知李宏晨的情况下，就把他的一个名为"冰雪凝霜"的账号进行了封存，并删除了所有装备。

2003 年 12 月 18 日上午，法庭第三次开庭审理此案。由于案情复杂，法庭由简易程序转为普通程序。庭审中，双方以"谁该为虚拟装备丢失承担责任"展开了辩论并向法庭提供证据。

被告方指出，李宏晨在注册时未填写真实姓名，首先无法证明其对涉案 ID 账号的合法拥有性；而且运营商与玩家签订过"玩家账号被盗用期间发生之损失由玩家自行负责"的服务协议；此外，在安全防范方面，运营商已经尽到良好的保护义务。至于封存李宏晨"冰雪凝霜"的账号并删除其所有装备，被告称这是"从维护游戏的平衡性出发，怀疑玩家在游戏中作弊"，并表示按照"红月法规"（该游戏的内部规定）运营商有权力进行这种行为。

当庭法官认为，虽然虚拟物品是无形的，且存在于特殊的网络游戏环境中，但并不影响虚拟物品作为无形财产的一种，获得法律上的适当评价和救济。玩家参与游戏时，获得游戏时间和装备的游戏卡均需以货币购买,所以虚拟装备具有价值含量。

随后法庭指出,但不宜将购买游戏卡的费用直接确定为装备的价格,而且虚拟装备无法获得现实生活中同类产品的价值参照,亦无法衡量不同装备之间的价值差别。从公平角度考虑,不适当的价值确定可能对某一方造成损失。

法庭最终认定,由于运营商应对原告虚拟物品的丢失承担保障不力的责任,所以运营商应将原告主张的丢失物品进行回档恢复,包括李宏晨在红月游戏中的生化装备10件、战神甲一件、献祭之石两个、生命水两个等,并赔偿原告方其他经济损失共计1560元,驳回李宏晨其他诉讼请求。

法庭判决后,北极冰公司副总经理邱治国等人都表示对判决结果不满。邱治国说,公司现在不可能通过技术手段来重新制作一套装备交给李宏晨,那只能从现有玩家身上将装备返还给李宏晨,这将对其他玩家造成更多的不公平,而且还可能引发这些玩家的诉讼。"面对这样的结果,我们将回公司商议后决定再是否上诉。"

2. 案例分析

2003年"红月"玩家李某诉网络游戏商北极冰公司案,以及同年底成都19名律师联名向全国人大法律委员会提出《保护网络虚拟财产立法建议书》,这两件事使网络游戏中"网财"保护问题引起了人们的广泛关注。随着"公民合法的私有财产不受侵犯"明确地被写入宪法之后,关于虚拟财产保护的问题又被重新提上了日程。

网络游戏自1999年正式登陆中国,现在已经形成一个庞大、高速增长的新兴市场,但是因"网财"而衍生的纠纷更是层出不穷,"网财"的保护已经是迫在眉睫的紧迫问题。为了网络游戏业的健康发展,必须加强对"网财"立法保护,事实上,立法的滞后,在某种意义上已经制约了我国游戏产业的快速发展,可以想象,如果我们能够尽快地完善立法,加强对"网财"的保护,必将大大促进我国游戏产业更快地发展,使其成为我国经济的新的增长点。

现在保护"网财"所能依据的只是《宪法》和《民法通则》及2000年年底全国人大常委会制定的《关于维护互联网安全的决定》的笼统规定,即2004年修正后的《中华人民共和国宪法》第13条的有关规定:"公民的合法的私有财产不受侵犯。国家依照法律规定保护公民的私有财产权和继承权。"这一合法私有财产的概括规定为民法财产的解释提供了极大的空间。《民法通则》第75条规定:"公民的个人财产,包括公民的合法收入、房屋、储蓄、生活用品、文物、图书资料、林木、牲畜和法律允许公民所有的生产资料以及其他合法财产。"然而对于"其他合法财产",我国法律并无明确的解释。

《决定》第4条规定:利用互联网犯罪,追究刑事责任;侵犯他人合法权益,依法承担民事责任。这个《决定》对"网财"的保护依然没有明确,但是也没有否定对"网财"的保护,这同样也给司法解释提供了空间。至于《消费者权益保护法》,虽然规定了消费者的多达九项权利,但是对游戏者"网财"的权利并没有包括在内。当然,游戏者和游戏商的关系也是一种消费关系,但是依靠该法并不能保护游戏者的权益,更何况"网财"被侵犯不仅涉及游戏商和游戏者,还常常涉及第三方,因而也往往超出了该法的调整范围。

面对当前立法现状,只有加强立法,尽快针对问题颁布相关法律和对司法解释予以规范。特别是在指导打击网络犯罪的刑事方面,建议先尽快颁布司法解释,待条件成熟

时再立法,因为毕竟立法是一项系统工程,需要经过建议、计划、草案等诸多环节,旷日持久,因而无法解决现在面临的问题。司法解释并非创立新法,可以较快制定,程序也较为简单。前文已述,我国现行的法律规定也为先从司法解释的角度对"网财"进行保护提供可能。

在最高人民法院和最高人民检察院进行司法解释的时候,专家认为首先应当明确"网财"的属性。司法解释应当明确规定该财产属于《民法通则》第75条合法财产的一种,在某种意义上可以认为是公民合法收入的一种,《刑法》第92条规定的所谓公民私有财产是包含该财产权的,从而为民法和刑法对"网财"的保护提供客观的科学依据,同时,由于现代社会经济和科学技术的发展,狭义概念的物已经不符合实际生活的需要,这样解释也在理论上廓清了其可以作为物权的客体,消除了理论上对"网财"法律属性的争论,也符合现状。其次应当明确这种无形财产价值的计算方法,必要时,可以成立或者指定专门的机构予以评估。若其价值无法认定,将无法适用《民法通则》,特别是《刑法》等法律条文不能予以保护。

总之,"网财"的保护是私有财产入宪以后一个很现实、很重要的问题,因为这不仅关系到网络游戏玩家和游戏商的利益,还关系到网络游戏的长远发展,关系到我国国民经济的长远发展,只有顺应新技术的发展要求,对传统制度做出因时制宜的修改,赋予其新的生命力,在社会各方特别是立法机关的共同努力下才能真正促进对"网财"的保护。

 拓展练习

北京金山数字娱乐科技有限公司是网络游戏"剑侠情缘"的运营者和管理人。戚先生是该游戏的玩家,网络账号为"chaosmud"。在游戏运行过程中,金山公司通过 ID 编号查找,发现账号"chaosmud"中的游戏角色拥有的 10 个"金元宝"(虚拟交易品),存在多个编号相同的情况。于是,金山公司作为网络游戏管理人于 2005 年 3 月 28 日将戚先生的账号冻结。戚先生认为金山公司的做法造成自己业余生活秩序长时间出现混乱,精神非常痛苦,遂向法院起诉,要求金山公司立即解冻游戏账号,赔偿 5 个金元宝,并赔偿精神损害抚慰金一万元及律师费等诉讼费用。

你认为法院会做出怎样的判决?

 任务小结

一、学习笔记(记录个人在案例分析过程中的体会与思考)

_____

_____

_____

_____

_____

二、任务考核

网络游戏案例学习考核具体内容见表 6-2。

表 6-2　网络游戏案例学习考核

职业能力	评价指标	任务完成情况	备注
知识掌握能力	了解网络游戏中存在的法律问题		
	能够做到在网络游戏中规范自身的行为		
	能够对相关案例进行分析,学会维护自身合法权益		
自我管理能力	掌控时间能力		
	学习积极性		
交流能力	有效与他人沟通		
	团队合作精神		
创新能力	发现并解决常规问题能力		
	推出新的有价值的思路方法		
小组评价			
教师评价			
成绩	签字:		

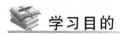

任务三　电子商务中消费者权益保护问题

学习目的

（1）了解电子商务中消费者的权益；
（2）了解信息网络中的隐私权保护问题；
（3）能够在生活中运用消费者权益保护法相关规定维护自身的合法权益。

相关知识

电子商务是建立在消费者信赖和认可的基础上的，因而消费者权益保护在电子商务发展中具有重要地位。国际社会对于消费者保护、赢得消费者的信赖在发展电子商务中的作用有着清楚的认识。许多国际组织提出消费者保护纲领，如经合组织关于电子商务中消费者保护指南的建议，即全面地论述了消费者保护的基本原则。经合组织消费者保护的主要框架：信息透明有效的保护；公平的商业、广告及销售行为；在线信息披露；确认过程；支付；争议解决和救济和隐私保护。

我国重视消费者权益的保护，但《中华人民共和国消费者权益保护法》只适用于一般消费者权益保护，并没有专门对远距离交易或在线交易的消费者权益保护问题做出规定。现行消费者权益保护法对消费者的保护体现在：消费者的知情权；消费者的公平交易权；消费者的自由选择权；消费者的安全权和消费者的损害赔偿权。例如只规定了消费者知情权，而没有规定在缔约前经营者应当尽告知和提示的义务；经营者的包修、包换、包退责任与消费者的解除权也相去甚远。建议今后修补法律确立网上经营者告知义务、犹豫期及其消费者解除或退货权等制度。

随着互联网的发展和网络商业化的增强，信息网络用户的个人资料作为一种重要的网络资源，其被搜集和利用的情形无法避免。这种情景势必会对网络使用者的个人隐私权造成一定的威胁。可以说，电子商务的发展，使网络经营者的商业利益和个人的隐私权保护之间发生了明显冲突。信息网络中的隐私权保护已是网络用户最关注的问题。

隐私权是指公民享有的私人生活安宁与私人信息依法受到保护，不被他人非法侵犯、知悉、搜集、利用和公开的一种人格权，是公民个人享有的一种人格权。

我国隐私权保护的法律基础有《宪法》《民法通则》《计算机信息网络国际联网安全保护管理办法》等。隐私权的保护问题，在我国也还没有一部完整的法律，尤其在网络和电子商务领域中，有关隐私权的保护问题更是一个空白。在现有的法律法规中，对隐私权保护的规定也很单薄，网络与电子商务中的隐私权保护问题更是一个全新的课题。完善我国网络隐私权保护立法，首先在立法指导原则上，应坚持信息的自由流动与对个人数据的保护并重;其次在立法模式上,宜采用分散的立法方式,从法律、行政规范和行业自律等不同的角度对网络电子商务中的隐私权加以保护;最后在保护机制方面,应加强国际合作。

 典型案例

案例一

1. 案情

1999年6月,大连网民王一楠就 ISP 服务质量问题一纸诉状将大连市电信局推上了被告席。法院于同年6月8日受理此案,并于同年7月20日开庭审理了此案,同年8月16日做出判决。

王一楠作为一名普通的网民,于1998年8月通过大连市电信局开拨号上网服务。王一楠每月上网时间不到10小时,但网费不低,且月月上涨:1998年11月网费近300元,12月网费达700元,1999年1月超过1000元。开始,王一楠以为是上网时间过长,但经过查询,得知这些网费几乎全是"磁盘存储费"(电信局规定:所有拨号上网的用户,电信局在本地服务器上给一个电子邮箱,平均每天免费存储1MB字符,超量按0.2元/千字符计费)。于是王一楠找到电信局,请工作人员解释。工作人员打开了王一楠的信箱,发现信箱装满了王一楠自上网以来发出的近600封电子邮件。也就是说,是这些王一楠曾经发出的信造成大量的"磁盘存储费"。可这些曾经发出的信怎么会留在自己的邮箱里呢? 王一楠要求工作人员予以解释,可工作人员没法解释。

后来,王一楠回家仔细寻找发信软件的有关设置。结果发现,他用的浏览器"Netscape Navigator Gold 3.03"的菜单里有一项"options",里面有一项"Mail and News Preferences",点击后出现设置选项,在"composition"里王一楠无意在"by defaut E-mail a copy of outgoing messages O:Mail Messages:"后面添入了自己的电子邮箱地址。结果,王一楠所有发出的信都存储于拷贝在他的本地服务器的电子邮件里。

王一楠在诉讼中声称,作为一名普通用户,他根本不知道如此设置会造成共2500多元的损失,他也询问过多名网友,许多网友也不知道这个设置。因此,王一楠认为,他已具备了作为一个普通用户应具备的有关知识,而上述设置及是否会因这样或那样设置会造成巨大损失,已超出了他应当具备的相关知识的范围。大连电信局作为服务商,有义务警告或提醒用户该设置的后果,但在电信局给用户的指导材料里根本没有有关警告或提醒。所以,他认为大连电信局在服务中有疏忽责任,因此产生的全部损失应由服务商电信局提供。

电信局的态度是,王一楠的损失不是由电信局的操作失误造成的,而是由王一楠自己设置失误造成的,与电信局无关;如果是用户 Netscape 的设置失误,那应当找 Netscape 公司。

大连市中山区人民法院受理了此案,依法组成了合议庭,公开开庭对此案进行审理,并做出了一审判决。根据大连市中山区人民法院(1999)中民初字第802号的一审判决,法院认为,消费者有权自主选择提供服务的经营者。现原告作为消费者选择了被告作为为其提供服务的经营者,且原告已经告知被告提供服务的价款,故原告接受了服务,理应给付被告

服务费用。原告称被告提供服务对消费者宣传、培训不够,无法律依据。原告作为消费者应当努力掌握所需商品或服务的知识和使用技能,正确使用商品,提高自我保护意识,故原告要求被告返回人民币 2841.6 元的诉讼请求证据不足,法院不予支持。故依照《中华人民共和国民法通则》第 106 条第一款的规定,驳回原告王一楠的诉讼请求。

2. 案例分析

本案例双方争议的焦点是电信局在告知用户收费标准的同时,有无义务告知用户如何设置上网的有关软件,当用户存储信息超量的时候,电信局有无义务对用户进行预先警告?

此案发生后,一些消费者在评论这件事时,认为电信局应该负有一定责任,其理由是,作为网络服务提供商的电信局应该对用户负有一定的宣传培训的责任。随着社会经济的发展,商品的种类日益繁多,性能日趋复杂,服务的方式也日益多样化。这就使得消费者在购买、使用商品或者接受服务时,越来越依赖于经营者对商品的说明和对服务的介绍。尤其是在使用因特网这件事情上,在 20 世纪 90 年代对大多数消费者来说更是个新鲜事物。它的作用,特别是设置,对一个初次接触网络的人来说,是完全需要由他的网络服务商来解释的。

在本案例中,损失是由王一楠自己的软件设置错误所造成的。但《消费者权益保护法》第 18 条规定,经营者对可能危及人身、财产安全的商品和服务,应当向消费者做出真实的说明和明确的警示。用户在使用网络过程按照服务商的要求进行操作后,在用户毫不知情的情况下财产呈递增趋势大量流失时网络服务提供商应该给用户发出警示,以避免消费者的损失进一步扩大。

案例二

1. 案情

2007 年 12 月 29 日,因不能承受丈夫对婚姻不忠,女白领姜岩从 24 层楼的家中一跃跳下结束了自己的生命。随后她的博客被打开,一份记录了她自杀前两个月心路历程并曝出丈夫王非婚外情的博文在网络世界引起轩然大波,主人公王非遭遇"人肉搜索",个人信息被逐渐披露,网民的宣泄也逐步从网络世界中的谩骂演化为一场现实生活中的暴力。

姜岩的大学同学张乐奕于 2008 年 1 月 11 日注册了非经营性网站,名称与姜岩博客名称相同,即"北飞的候鸟"。在网站上,张乐奕、姜岩的姐姐及朋友先后发表了纪念姜岩的文章。张乐奕还将该网站与天涯网、新浪网进行了链接。张乐奕通过《哀莫大于心死》等文章"控诉王非的罪行",并披露了王非的住所、单位名称等信息,甚至粘贴了王非与"第三者"东某的合照。

在姜岩的博客日记被打开后,大旗网开设了一个名为《从 24 楼跳下自杀的 MM 最后的 BLOG 日记》的专题网页,该专题将搜集的其他网站中的关于姜岩死亡事件的叙述与大旗网相链接。同时,大旗网向有关当事人进行采访,并将被访者的叙述在该专题中进行了刊载。

一些网民在参与评论的同时,在天涯网等网站上发起对王非的"人肉搜索",使王非的姓名、工作单位、家庭住址等详细个人信息逐渐被披露;一些网民在网络上对王非进行指名道姓地谩骂;更有部分网民在王家门口墙壁上刷写、张贴"无良王家""逼死贤妻""血债血偿"等标语。王非工作的单位也因此事决定让王非和东某暂时停止工作。

法院审理结果：2008 年 12 月 18 日,北京市朝阳区人民法院做出一审判决"北飞的候鸟"网站经营者张乐奕和大旗网构成对王非隐私权和名誉权的侵犯,分别被判停止侵权、公开道歉,并分别赔偿王非精神损害抚慰金 5000 元和 3000 元;天涯网因在王非起诉前及时删除了侵权帖子,被判免责。不过,法院对王非的婚外情行为也提出了批评。

法院认为,公民个人感情生活问题,包括男女关系问题,均属于其个人隐私范畴。张乐奕在网站上披露王非婚外情的事实,同时披露王非的姓名、工作单位名称等个人信息,构成对王非隐私权的侵害。与此同时,造成众多网民持续发布大量批评和谴责性言论,构成对王非名誉权的侵害。而大旗网在报道时未对当事人姓名等个人信息及照片进行技术处理,也构成侵权。宣判后,张乐奕的代理人当庭提出上诉。

上诉后,张乐奕向二中院提供了网友认为其行为没有侵犯王非权益的观点和看法,并提供了公证部门的公证。2009 年 7 月 13 日庭审结束后,双方均表示愿意调解,但就调解具体内容仍在进一步协商中。

2. 案例分析

虽然"王非案"判决对网络名誉权、隐私权侵权的认定进行了细致的论述,并且在侵权责任认定上参照了《侵权责任法草案》的规定,这些都可以说是该判决的亮点。但判决对涉案网站的侵权行为只有罗列,却没有定性的、对比的分析,不能不说是一个遗憾。

首先是张乐奕创建的"北飞的候鸟",很显然属于网络内容服务商直接侵权责任,但是对于大旗网和天涯论坛,从判决上看,判定前者侵权后者免责似乎仅仅因为前者拒绝删除信息而后者及时删除。从这点来看,判决中的论证是不充分的。先说大旗网,因为具有先进的采集模式和一流的采编水平,为用户提供了高品质的社区信息精粹,被业界誉为"社区读者文摘"。在"王非案"中,其开设了名为《从 24 楼跳下自杀的 MM 最后的BLOG 日记》的专题网页,该专题将搜集的其他网站中的关于姜岩死亡事件的叙述与大旗网相链接。同时,大旗网向有关当事人进行采访,并将被访者的叙述在该专题中进行了刊载。从这些内容尤其是其组织采访并刊登的行为可以看出,大旗网已不仅仅是单纯的间接侵权人,其已经具有独立于张乐奕及"北飞的候鸟"等直接侵权人的侵权故意和侵权行为,此后其又拒绝了受害人删除相关网页及信息的请求,所以构成直接侵权。

最后是被誉为中国第一 BBS 的天涯论坛,它本身并不提供多媒体信息,而是由进入天涯论坛的网民发表帖子提供信息。虽然在"王非案"中,天涯论坛是"人肉搜索"的主要战场,但天涯论坛实质上并没有参与侵权行为,其只涉及平台提供商的间接侵权责任问题。天涯论坛的及时删除行为也满足了责任免除的条件,所以对天涯论坛的处理基本合理。但是对于大旗网,其承担的应该是直接侵权责任,假设其在受害人告知后删除了相关信息,也不能就此免除其全部责任(可以减轻)。所以判决中"没有及时删除信息,所以应当承担侵权责任"的论述混淆了大旗网的直接侵权责任。

 拓展练习

2003 年 9 月 26 日据海外媒体的最新报道,三名美国在线用户日前将美国在线(AOL)告上法庭,原因是其网络搜索记录在互联网上流传。报道称,三名美国在线用户

在上周五向美国加利福尼亚州奥克兰地区法院提起共同诉讼,指控美国在线用户的搜索查询信息在网上曝光。

你认为美国在线侵犯了用户的什么权益?作为用户可以向美国在线提出哪些诉讼请求?

 任务小结

一、学习笔记(记录个人在案例分析过程中的体会与思考)

_____

_____

_____

_____

_____

_____

_____

_____

_____

二、任务考核

消费者权益保护案例分析学习考核的具体内容见表 6-3。

表 6-3　消费者权益保护案例分析学习考核

职业能力	评价指标	任务完成情况	备注
知识掌握能力	了解电子商务中消费者享有的权益		
	理解隐私权的含义,掌握在信息网络中保护隐私权的方法		
	能够对相关案例进行分析,学会维护自身合法权益		
自我管理能力	掌控时间能力		
	学习积极性		
交流能力	有效与他人沟通		
	团队合作精神		
创新能力	发现并解决常规问题能力		
	推出新的有价值的思路方法		
小组评价			
教师评价			
成绩		签字:	

参考文献

[1] 沈凤池,刘俊斌.阿里巴巴电子商务初级认证教程[M].北京:清华大学出版社,2006.

[2] 俞立平.电子商务实验实训.第2版[M].北京:中国时代经济出版社,2007.

[3] 宋文官.电子商务基础与实务[M].北京:人民邮电出版社,2007.

[4] 闵敏,吴凌娇.电子商务实用基础[M].北京:机械工业出版社,2008.

[5] 康晓东.电子商务及应用[M].北京:电子工业出版社,2004.

[6] 刘克强.电子商务平台建设[M].北京:人民邮电出版社,2007.

[7] 李玉清,黄雪峰.电子商务实务[M].北京:中国电力出版社,2009.

[8] 陈文培.电子商务管理[M].上海:上海财经大学出版社,2013.

附录 电子商务相关法律法规

中华人民共和国主席令
第十八号

《中华人民共和国电子签名法》已由中华人民共和国第十届全国人民代表大会常务委员会第十一次会议于 2004 年 8 月 28 日通过,现予公布,自 2005 年 4 月 1 日起施行。

中华人民共和国主席　胡锦涛

2004 年 8 月 28 日

中华人民共和国电子签名法

(2004 年 8 月 28 日第十届全国人民代表大会常务委员会第十一次会议通过)

目　录

第一章　总则
第二章　数据电文
第三章　电子签名与认证
第四章　法律责任
第五章　附则

第一章　总则

第一条 为了规范电子签名行为,确立电子签名的法律效力,维护有关各方的合法权益,制定本法。

第二条 本法所称电子签名,是指数据电文中以电子形式所含、所附用于识别签名人身份并表明签名人认可其中内容的数据。

本法所称数据电文,是指以电子、光学、磁或者类似手段生成、发送、接收或者储存的信息。

第三条 民事活动中的合同或者其他文件、单证等文书,当事人可以约定使用或者不使用电子签名、数据电文。

当事人约定使用电子签名、数据电文的文书,不得仅因为其采用电子签名、数据电文的形式而否定其法律效力。

前款规定不适用下列文书:

(一)涉及婚姻、收养、继承等人身关系的;

(二)涉及土地、房屋等不动产权益转让的;

(三)涉及停止供水、供热、供气、供电等公用事业服务的;

（四）法律、行政法规规定的不适用电子文书的其他情形。

第二章　数据电文

第四条　能够有形地表现所载内容,并可以随时调取查用的数据电文,视为符合法律、法规要求的书面形式。

第五条　符合下列条件的数据电文,视为满足法律、法规规定的原件形式要求:

（一）能够有效地表现所载内容并可供随时调取查用;

（二）能够可靠地保证自最终形成时起,内容保持完整、未被更改。但是,在数据电文上增加背书以及数据交换、储存和显示过程中发生的形式变化不影响数据电文的完整性。

第六条　符合下列条件的数据电文,视为满足法律、法规规定的文件保存要求:

（一）能够有效地表现所载内容并可供随时调取查用;

（二）数据电文的格式与其生成、发送或者接收时的格式相同,或者格式不相同但是能够准确表现原来生成、发送或者接收的内容;

（三）能够识别数据电文的发件人、收件人及发送、接收的时间。

第七条　数据电文不得仅因为其是以电子、光学、磁或者类似手段生成、发送、接收或者储存的而被拒绝作为证据使用。

第八条　审查数据电文作为证据的真实性,应当考虑以下因素:

（一）生成、储存或者传递数据电文方法的可靠性;

（二）保持内容完整性方法的可靠性;

（三）用以鉴别发件人方法的可靠性;

（四）其他相关因素。

第九条　数据电文有下列情形之一的,视为发件人发送:

（一）经发件人授权发送的;

（二）发件人的信息系统自动发送的;

（三）收件人按照发件人认可的方法对数据电文进行验证后结果相符的。

当事人对前款规定的事项另有约定的,从其约定。

第十条　法律、行政法规规定或者当事人约定数据电文需要确认收讫的,应当确认收讫。发件人收到收件人的收讫确认时,数据电文视为已经收到。

第十一条　数据电文进入发件人控制之外的某个信息系统的时间,视为该数据电文的发送时间。

收件人指定特定系统接收数据电文的,数据电文进入该特定系统的时间,视为该数据电文的接收时间;未指定特定系统的,数据电文进入收件人的任何系统的首次时间,视为该数据电文的接收时间。

当事人对数据电文的发送时间、接收时间另有约定的,从其约定。

第十二条　发件人的主营业地为数据电文的发送地点,收件人的主营业地为数据电文的接收地点。没有主营业地的,其经常居住地为发送或者接收地点。

当事人对数据电文的发送地点、接收地点另有约定的,从其约定。

第三章 电子签名与认证

第十三条 电子签名同时符合下列条件的,视为可靠的电子签名:

(一)电子签名制作数据用于电子签名时,属于电子签名人专有;

(二)签署时电子签名制作数据仅由电子签名人控制;

(三)签署后对电子签名的任何改动能够被发现;

(四)签署后对数据电文内容和形式的任何改动能够被发现。

当事人也可以选择使用符合其约定的可靠条件的电子签名。

第十四条 可靠的电子签名与手写签名或者盖章具有同等的法律效力。

第十五条 电子签名人应当妥善保管电子签名制作数据。电子签名人知悉电子签名制作数据已经失密或者可能已经失密时,应当及时告知有关各方,并终止使用该电子签名制作数据。

第十六条 电子签名需要第三方认证的,由依法设立的电子认证服务提供者提供认证服务。

第十七条 提供电子认证服务,应当具备下列条件:

(一)具有与提供电子认证服务相适应的专业技术人员和管理人员;

(二)具有与提供电子认证服务相适应的资金和经营场所;

(三)具有符合国家安全标准的技术和设备;

(四)具有国家密码管理机构同意使用密码的证明文件;

(五)法律、行政法规规定的其他条件。

第十八条 从事电子认证服务,应当向国务院信息产业主管部门提出申请,并提交符合本法第十七条规定条件的相关材料。国务院信息产业主管部门接到申请后经依法审查,征求国务院商务主管部门等有关部门的意见后,自接到申请之日起四十五日内作出许可或者不予许可的决定。予以许可的,颁发电子认证许可证书;不予许可的,应当书面通知申请人并告知理由。

申请人应当持电子认证许可证书依法向工商行政管理部门办理企业登记手续。

取得认证资格的电子认证服务提供者,应当按照国务院信息产业主管部门的规定在互联网上公布其名称、许可证号等信息。

第十九条 电子认证服务提供者应当制定、公布符合国家有关规定的电子认证业务规则,并向国务院信息产业主管部门备案。

电子认证业务规则应当包括责任范围、作业操作规范、信息安全保障措施等事项。

第二十条 电子签名人向电子认证服务提供者申请电子签名认证证书,应当提供真实、完整和准确的信息。

电子认证服务提供者收到电子签名认证证书申请后,应当对申请人的身份进行查验,并对有关材料进行审查。

第二十一条 电子认证服务提供者签发的电子签名认证证书应当准确无误,并应当载明下列内容:

(一)电子认证服务提供者名称;

（二）证书持有人名称；

（三）证书序列号；

（四）证书有效期；

（五）证书持有人的电子签名验证数据；

（六）电子认证服务提供者的电子签名；

（七）国务院信息产业主管部门规定的其他内容。

第二十二条　电子认证服务提供者应当保证电子签名认证证书内容在有效期内完整、准确，并保证电子签名依赖方能够证实或者了解电子签名认证证书所载内容及其他有关事项。

第二十三条　电子认证服务提供者拟暂停或者终止电子认证服务的，应当在暂停或者终止服务九十日前，就业务承接及其他有关事项通知有关各方。

电子认证服务提供者拟暂停或者终止电子认证服务的，应当在暂停或者终止服务六十日前向国务院信息产业主管部门报告，并与其他电子认证服务提供者就业务承接进行协商，作出妥善安排。

电子认证服务提供者未能就业务承接事项与其他电子认证服务提供者达成协议的，应当申请国务院信息产业主管部门安排其他电子认证服务提供者承接其业务。

电子认证服务提供者被依法吊销电子认证许可证书的，其业务承接事项的处理按照国务院信息产业主管部门的规定执行。

第二十四条　电子认证服务提供者应当妥善保存与认证相关的信息，信息保存期限至少为电子签名认证证书失效后五年。

第二十五条　国务院信息产业主管部门依照本法制定电子认证服务业的具体管理办法，对电子认证服务提供者依法实施监督管理。

第二十六条　经国务院信息产业主管部门根据有关协议或者对等原则核准后，中华人民共和国境外的电子认证服务提供者在境外签发的电子签名认证证书与依照本法设立的电子认证服务提供者签发的电子签名认证证书具有同等的法律效力。

第四章　法律责任

第二十七条　电子签名人知悉电子签名制作数据已经失密或者可能已经失密未及时告知有关各方、并终止使用电子签名制作数据，未向电子认证服务提供者提供真实、完整和准确的信息，或者有其他过错，给电子签名依赖方、电子认证服务提供者造成损失的，承担赔偿责任。

第二十八条　电子签名人或者电子签名依赖方因依据电子认证服务提供者提供的电子签名认证服务从事民事活动遭受损失，电子认证服务提供者不能证明自己无过错的，承担赔偿责任。

第二十九条　未经许可提供电子认证服务的，由国务院信息产业主管部门责令停止违法行为；有违法所得的，没收违法所得；违法所得三十万元以上的，处违法所得一倍以上三倍以下的罚款；没有违法所得或者违法所得不足三十万元的，处十万元以上三十万元以下的罚款。

第三十条 电子认证服务提供者暂停或者终止电子认证服务,未在暂停或者终止服务六十日前向国务院信息产业主管部门报告的,由国务院信息产业主管部门对其直接负责的主管人员处一万元以上五万元以下的罚款。

第三十一条 电子认证服务提供者不遵守认证业务规则、未妥善保存与认证相关的信息,或者有其他违法行为的,由国务院信息产业主管部门责令限期改正;逾期未改正的,吊销电子认证许可证书,其直接负责的主管人员和其他直接责任人员十年内不得从事电子认证服务。吊销电子认证许可证书的,应当予以公告并通知工商行政管理部门。

第三十二条 伪造、冒用、盗用他人的电子签名,构成犯罪的,依法追究刑事责任;给他人造成损失的,依法承担民事责任。

第三十三条 依照本法负责电子认证服务业监督管理工作的部门的工作人员,不依法履行行政许可、监督管理职责的,依法给予行政处分;构成犯罪的,依法追究刑事责任。

第五章 附则

第三十四条 本法中下列用语的含义:

(一)电子签名人,是指持有电子签名制作数据并以本人身份或者以其所代表的人的名义实施电子签名的人;

(二)电子签名依赖方,是指基于对电子签名认证证书或者电子签名的信赖从事有关活动的人;

(三)电子签名认证证书,是指可证实电子签名人与电子签名制作数据有联系的数据电文或者其他电子记录;

(四)电子签名制作数据,是指在电子签名过程中使用的,将电子签名与电子签名人可靠地联系起来的字符、编码等数据;

(五)电子签名验证数据,是指用于验证电子签名的数据,包括代码、口令、算法或者公钥等。

第三十五条 国务院或者国务院规定的部门可以依据本法制定政务活动和其他社会活动中使用电子签名、数据电文的具体办法。

第三十六条 本法自 2005 年 4 月 1 日起施行。

互联网信息服务管理办法(国务院令第 292 号)

《互联网信息服务管理办法》已经 2000 年 9 月 20 日国务院第 31 次常务会议通过,现予公布施行。

总理 朱镕基
2000 年 9 月 25 日

第一条 为了规范互联网信息服务活动,促进互联网信息服务健康有序发展,制定本办法。

第二条 在中华人民共和国境内从事互联网信息服务活动,必须遵守本办法。

本办法所称互联网信息服务,是指通过互联网向上网用户提供信息的服务活动。

第三条　互联网信息服务分为经营性和非经营性两类。

经营性互联网信息服务,是指通过互联网向上网用户有偿提供信息或者网页制作等服务活动。

非经营性互联网信息服务,是指通过互联网向上网用户无偿提供具有公开性、共享性信息的服务活动。

第四条　国家对经营性互联网信息服务实行许可制度;对非经营性互联网信息服务实行备案制度。

未取得许可或者未履行备案手续的,不得从事互联网信息服务。

第五条　从事新闻、出版、教育、医疗保健、药品和医疗器械等互联网信息服务,依照法律、行政法规以及国家有关规定须经有关主管部门审核同意,在申请经营许可或者履行备案手续前,应当依法经有关主管部门审核同意。

第六条　从事经营性互联网信息服务,除应当符合《中华人民共和国电信条例》规定的要求外,还应当具备下列条件:

(一)有业务发展计划及相关技术方案;

(二)有健全的网络与信息安全保障措施,包括网站安全保障措施、信息安全保密管理制度、用户信息安全管理制度;

(三)服务项目属于本办法第五条规定范围的,已取得有关主管部门同意的文件。

第七条　从事经营性互联网信息服务,应当向省、自治区、直辖市电信管理机构或者国务院信息产业主管部门申请办理互联网信息服务增值电信业务经营许可证(以下简称经营许可证)。

省、自治区、直辖市电信管理机构或者国务院信息产业主管部门应当自收到申请之日起 60 日内审查完毕,作出批准或者不予批准的决定。予以批准的,颁发经营许可证;不予批准的,应当书面通知申请人并说明理由。

申请人取得经营许可证后,应当持经营许可证向企业登记机关办理登记手续。

第八条　从事非经营性互联网信息服务,应当向省、自治区、直辖市电信管理机构或者国务院信息产业主管部门办理备案手续。办理备案时,应当提交下列材料:

(一)主办单位和网站负责人的基本情况;

(二)网站网址和服务项目;

(三)服务项目属于本办法第五条规定范围的,已取得有关主管部门的同意文件。

省、自治区、直辖市电信管理机构对备案材料齐全的,应当予以备案并编号。

第九条　从事互联网信息服务,拟开办电子公告服务的,应当在申请经营性互联网信息服务许可或者办理非经营性互联网信息服务备案时,按照国家有关规定提出专项申请或者专项备案。

第十条　省、自治区、直辖市电信管理机构和国务院信息产业主管部门应当公布取得经营许可证或者已履行备案手续的互联网信息服务提供者名单。

第十一条　互联网信息服务提供者应当按照经许可或者备案的项目提供服务,不得超出经许可或者备案的项目提供服务。

非经营性互联网信息服务提供者不得从事有偿服务。

互联网信息服务提供者变更服务项目、网站网址等事项的,应当提前 30 日向原审核、发证或者备案机关办理变更手续。

第十二条　互联网信息服务提供者应当在其网站主页的显著位置标明其经营许可证编号或者备案编号。

第十三条　互联网信息服务提供者应当向上网用户提供良好的服务,并保证所提供的信息内容合法。

第十四条　从事新闻、出版以及电子公告等服务项目的互联网信息服务提供者,应当记录提供的信息内容及其发布时间、互联网地址或者域名;

互联网接入服务提供者应当记录上网用户的上网时间、用户账号、互联网地址或者域名、主叫电话号码等信息。

互联网信息服务提供者和互联网接入服务提供者的记录备份应当保存 60 日,并在国家有关机关依法查询时,予以提供。

第十五条　互联网信息服务提供者不得制作、复制、发布、传播含有下列内容的信息:

（一）反对宪法所确定的基本原则的;

（二）危害国家安全,泄露国家秘密,颠覆国家政权,破坏国家统一的;

（三）损害国家荣誉和利益的;

（四）煽动民族仇恨、民族歧视,破坏民族团结的;

（五）破坏国家宗教政策,宣扬邪教和封建迷信的;

（六）散布谣言,扰乱社会秩序,破坏社会稳定的;

（七）散布淫秽、色情、赌博、暴力、凶杀、恐怖或者教唆犯罪的;

（八）侮辱或者诽谤他人,侵害他人合法权益的;

（九）含有法律、行政法规禁止的其他内容的。

第十六条　互联网信息服务提供者发现其网站传输的信息明显属于本办法第十五条所列内容之一的,应当立即停止传输,保存有关记录,并向国家有关机关报告。

第十七条　经营性互联网信息服务提供者申请在境内境外上市或者同外商合资、合作,应当事先经国务院信息产业主管部门审查同意;其中,外商投资的比例应当符合有关法律、行政法规的规定。

第十八条　国务院信息产业主管部门和省、自治区、直辖市电信管理机构,依法对互联网信息服务实施监督管理。

新闻、出版、教育、卫生、药品监督管理、工商行政管理和公安、国家安全等有关主管部门,在各自职责范围内依法对互联网信息内容实施监督管理。

第十九条　违反本办法的规定,未取得经营许可证,擅自从事经营性互联网信息服务,或者超出许可的项目提供服务的,由省、自治区、直辖市电信管理机构责令限期改正,有违法所得的,没收违法所得,处违法所得三倍以上五倍以下的罚款;没有违法所得或者违法所得不足五万元的,处十万元以上一百万元以下的罚款;情节严重的,责令关闭网站。

违反本办法的规定,未履行备案手续,擅自从事非经营性互联网信息服务,或者超出备案的项目提供服务的,由省、自治区、直辖市电信管理机构责令限期改正;拒不改正的,责令关闭网站。

第二十条　制作、复制、发布、传播本办法第十五条所列内容之一的信息,构成犯罪的,依法追究刑事责任;尚不构成犯罪的,由公安机关、国家安全机关依照《中华人民共和国治安管理处罚条例》、《计算机信息网络国际联网安全保护管理办法》等有关法律、行政法规的规定予以处罚;

对经营性互联网信息服务提供者,并由发证机关责令停业整顿直至吊销经营许可证,通知企业登记机关;对非经营性互联网信息服务提供者,并由备案机关责令暂时关闭网站直至关闭网站。

第二十一条　未履行本办法第十四条规定的义务的,由省、自治区、直辖市电信管理机构责令改正;情节严重的,责令停业整顿或者暂时关闭网站。

第二十二条　违反本办法的规定,未在其网站主页上标明其经营许可证编号或者备案编号的,由省、自治区、直辖市电信管理机构责令改正,处 5000 元以上 5 万元以下的罚款。

第二十三条　违反本办法第十六条规定的义务的,由省、自治区、直辖市电信管理机构责令改正;情节严重的,对经营性互联网信息服务提供者,并由发证机关吊销经营许可证,对非经营性互联网信息服务提供者,并由备案机关责令关闭网站。

第二十四条　互联网信息服务提供者在其业务活动中,违反其他法律、法规的,由新闻、出版、教育、卫生、药品监督管理和工商行政管理等有关主管部门依照有关法律、法规的规定处罚。

第二十五条　电信管理机构和其他有关主管部门及其工作人员,玩忽职守、滥用职权、徇私舞弊,疏于对互联网信息服务的监督管理,造成严重后果,构成犯罪的,依法追究刑事责任;尚不构成犯罪的,对直接负责的主管人员和其他直接责任人员依法给予降级、撤职直至开除的行政处分。

第二十六条　在本办法公布前从事互联网信息服务的,应当自本办法公布之日起 60 日内依照本办法的有关规定补办有关手续。

第二十七条　本办法自公布之日起施行。

计算机信息网络国际联网安全保护管理办法(公安部令第 33 号)

公安部 1997 年 12 月 30 日发布

《计算机信息网络国际联网安全保护管理办法》已于 1997 年 12 月 11 日经国务院批准,现予发布,自 1997 年 12 月 30 日起施行。

第一章　总则

第一条　为了加强对计算机信息网络国际联网的安全保护,维护公共秩序和社会稳

定,根据《中华人民共和国计算机信息系统安全保护条例》、《中华人民共和国计算机信息网络国际联网管理暂行规定》和其他法律、行政法规的规定,制定本办法。

第二条 中华人民共和国境内的计算机信息网络国际联网安全保护管理,适用本办法。

第三条 公安部计算机管理监察机构负责计算机信息网络国际联网的安全保护管理工作。公安机关计算机管理监察机构应当保护计算机信息网络国际联网的公共安全,维护从事国际联网业务的单位和个人的合法权益和公众利益。

第四条 任何单位和个人不得利用国际联网危害国家安全、泄露法权益,不得从事违法犯罪活动。

第五条 任何单位和个人不得利用国际联网制作、复制、查阅和传播下列信息:

（一）煽动抗拒、破坏宪法和法律、行政法规实施的;

（二）煽动颠覆国家政权,推翻社会主义制度的;

（三）煽动分裂国家、破坏国家统一的;

（四）煽动民族仇恨、民族歧视,破坏民族团结的;

（五）捏造或者歪曲事实,散布谣言,扰乱社会秩序的;

（六）宣扬封建迷信、淫秽、色情、赌博、暴力、凶杀、恐怖,教唆犯罪的;

（七）公然侮辱他人或者捏造事实诽谤他人的;

（八）损害国家机关信誉的;

（九）其他违反宪法和法律、行政法规的。

第六条 任何单位和个人不得从事下列危害计算机信息网络安全的活动:

（一）未经允许,进入计算机信息网络或者使用计算机信息网络资源的;

（二）未经允许,对计算机信息网络功能进行删除、修改或者增加的;

（三）未经允许,对计算机信息网络中存储、处理或者传输的数据和应用程序进行删除、修改或者增加的;

（四）故意制作、传播计算机病毒等破坏性程序的;

（五）其他危害计算机信息网络安全的。

第七条 用户的通信自由和通信秘密受法律保护。任何单位和个人不得违反法律规定,利用国际联网侵犯用户的通信自由和通信秘密。

第二章　安全保护责任

第八条 从事国际联网业务的单位和个人应当接受公安机关的信息、资料及数据文件,协助公安机关查处通过国际联网的计算机信息网络的违法犯罪行为。

第九条 国际出入口信道提供单位、互联单位的主管部门或者主管单位,应当依照法律和国家有关规定负责国际出入口信道、所属互联网络的安全保护管理工作。

第十条 互联单位、接人单位及使用计算机信息网络国际联网的法人和其他组织应当履行下列安全保护职责:

（一）负责本网络的安全保护管理工作,建立健全安全保护管理制度;

（二）落实安全保护技术措施,保障本网络的运行安全和信息安全;

（三）负责对本网络用户的安全教育和培训；

（四）对委托发布信息的单位和个人进行登记，并对所提供的信息内容按照本办法第五条进行审核；

（五）建立计算机信息网络电子公告系统的用户登记和信息管理制度；

（六）发现有本办法第四条、第五条、第六条、第七条所列情形之一的，应当保留有关原始记录，并在二十四小时内向当地公安机关报告；

（七）按照国家有关规定，删除本网络中含有本办法第五条内容的地址、目录或者关闭服务器。

第十一条 用户在接入单位办理入网手续时，应当填写用户备案表。备案表由公安部监制。

第十二条 互联单位、接入单位、使用计算机信息网络国际联网的法人和其他组织（包括跨省、自治区、直辖市联网的单位和所属的分支机构），应当自网络正式联通之日起三十日内，到所在地的省、自治区、直辖市人民政府公安机关指定的受理机关办理备案手续。

前款所列单位应当负责将接入本网络的接入单位和用户情况报当地公安机关备案，并及时报告本网络中接入单位和用户的变更情况。

第十三条 使用公用账号的注册者应当加强对公用账号的管理，建立账号使用登记制度。用户账号不得转借、转让。

第十四条 涉及国家事务、经济建设、国防建设、尖端科学技术等重要领域的单位办理备案手续时、应当出具其行政主管部门的审批证明。前款所列单位的计算机信息网络与国际联网，应当采取相应的安全保护措施。

第三章 安全监督

第十五条 省、自治区、直辖市公安厅（局），地（市）、县（市）公安局，应当有相应机构负责国际联网的安全保护管理工作。

第十六条 公安机关计算机管理监察机构应当掌握互联单位、接入单位和用户的备案情况，建立备案档案，进行备案统计，并按照国家有关规定逐级上报。

第十七条 公安机关计算机管理监察机构应当掌握互联单位、接入单位及有关用户建立健全安全保护管理制度。监督、检查网络安全保护管理以及技术措施的落实情况。公安机关计算机管理监察机构在组织安全检查时，有关单位应当派人参加。公安机关计算机管理监察机构对安全检查发现的问题，应当提出改进意见，做出详细记录，存档备查。

第十八条 公安机关计算机管理监察机构发现含有本办法第五条所列内容的地址、目录或者服务器时，应当通知有关单位关闭或者删除。

第十九条 公安机关计算机管理监察机构应当负责追踪和查处通过计算机信息网络的违法行为和针对计算机信息网络的犯罪案件，对违反本办法第四条、第七条规定的违法犯罪行为，应当按照国家有关规定移送有关部门或者司法机关处理。

第四章　法律责任

第二十条　违反法律、行政法规,有本办法第五条、第六条所列行为之一的,由公安机关给予警告,有违法所得的,没收违法所得,对个人可以并处五千元以下的罚款,对单位可以并处一万五千元以下的罚款;情节严重的,并可以给予六个月以内停止联网、停机整顿的处罚,必要时可以建议原发证、审批机构吊销经营许可证或者取消联网资格;构成违反治安管理行为的,依照治安管理处罚条例的规定处罚;构成犯罪的,依法追究刑事责任。

第二十一条　有下列行为之一的,由公安机关责令限期改正,给予警告。有违法所得的,没收违法所得;在规定的限期内未改正的,对单位的主管负责人员和其他直接责任人员可以并处五千元以下的罚款,对单位可以并处一万五千元以下的罚款;情节严重的,并可以给予六个月以内的停止联网、停机整顿的处罚,必要时可以建议原发证、审批机构吊销经营许可证或者取消联网资格。

（一）未建立安全保护管理制度的;

（二）未采取安全技术保护措施的;

（三）未对网络用户进行安全教育和培训的;

（四）未提供安全保护管理所需信息、资料及数据文件,或者所提供内容不真实的;

（五）对委托其发布的信息内容未进行审核或者对委托单位和个人未进行登记的;

（六）未建立电子公告系统的用户登记和信息管理制度的;

（七）未按照国家有关规定,删除网络地址、目录或者关闭服务器的;

（八）未建立公用账号使用登记制度的;

（九）转借、转让用户账号的。

第二十二条　违反本办法第四条、第七条规定的,依照有关法律、法规予以处罚。

第二十三条　违反本办法第十一条、第十二条规定,不履行备案职责的,由公安机关给予警告或者停机整顿不超过六个月的处罚。

第五章　附则

第二十四条　与香港特别行政区和台湾、澳门地区联网的计算机信息网络的安全保护管理,参照本办法执行。

第二十五条　本办法自发布之日起施行。